チンピラちゃうねん、教師やねん。

兵庫県立飾磨工業高校教諭
三輪 光
＋読売テレビ取材班

幻冬舎

チンピラちゃうねん、教師やねん。

目次

序章　信じる力

読売テレビで『仰げば尊し』というドキュメンタリー番組が最初に放映されたのは、２０１２年の４月でした。

画面にいきなり映し出された私の風貌を見た人たちは、どんな印象を持たれたでしょう。派手なジャージに身を包んでネオン街を闊歩《かっぽ》し、カルピスのグラスを片手におねえちゃんの隣でカラオケを熱唱する。多くの人は「こんな品のないガラの悪そうな男が本当に公立高校の教師なのか」と、驚かれたんやないでしょうか。

ドキュメンタリーでは、家庭の事情やさまざまな理由で中学時代に道を外れそうになった子どもたちが、兵庫県立飾磨《しかま》工業高校多部制（定時制）柔道部で厳しい稽古を積み、定時制通信制の全国大会で六連覇を達成し、社会に巣立っていくまでの日々を追いかけてもらいました。

稽古中もカメラが回っていましたから、柔道部員を叱責する私の声がそのまま放送されました。

《人を見た目で判断してはならない……そんな教えを思い出した》

ドキュメンタリーはそんなナレーションから始まりましたが、風貌はもちろん、私が彼らに投げつけるきつい言葉にも大きな反響があったそうです。


「そこでいかんかい、おんどれ」

「右も左もわからんのかい、見とけ、こら、カス」

「なめとったら、ぶちのめすぞ」

「全国大会出ました、はいっ、バンザイって、そのレベルで物言うとるんとちゃうんじゃい。てっぺんとってみんかい、てっぺんを」

「1億1000万人のうち、何人がてっぺんに立てると思とんねん。その歴史に名を刻む覚悟を見せんかい」

「寝ても覚めてもクソしても、ただ勝つことだけを考えろ」


……と、こんな調子ですから、教師としては下品すぎる、言葉の暴力だと指摘する人もいるかもしれません。そうした声を否定する気はないですし、私自身も自分の言葉が乱暴なことは自覚しています。ただ、私が子どもたちにきつい言葉で叱責するのは、彼らを威圧して自分の力を誇示したり、ストレスを発散したりするためではありません。

九年前に飾磨工業高校多部制の体育科教師として赴任したころ、私の前に立ったのは、10代の半ばにして社会からドロップアウトしかけた子どもたちばっかりでした。

最初のうちは、棘《とげ》のある言葉を投げ返してくる奴もたくさんいました。

「ほっとけちゅうとんじゃ、ボケ」

「お前、いったいわしのなんやねん、関係ないやろが」

本書のカバーに使ってもらった写真を見ていただければわかるでしょうが、私は自分でも自分の風貌はかなりいかつい、強面《こわもて》やと思っています。普通の人が、すれ違うときに目を伏せて通り過ぎる気持ちもわかります。

しかし、そんな私を前にしても、彼らはやり場のない感情をぶつけてきよるんです。

そして私との距離が少し近づくと、そうした連中は口をそろえて「親も教師も、信じられる大人なんて一人もおらんかった」という言葉をぼそっとはきだすのです。

大人や社会への不信感で凝り固まった彼らに、表面をとりつくろった優しい言葉をかけてもなんにも伝わりません。上っ面だけの関係を築いても、彼らの心を動かすことはでけへんのです。

とことんきつい言葉と態度で追い込んで、丸裸の弱い自分と向き合わせるんです。そして崖っぷちまで追い込んだところで、前を向かせる言葉をしっかり伝えるのが、私の仕事なんです。彼らの多くは、自分を、あるいは自分をとり巻くなにかを変えたくてうちの柔道部へやってきます。

しかし、変えたくても自分が何者なんかわからへん、自分になにができるかもわからへんかったら、そこから一歩も踏み出すことはできません。それぞれが輝くことのできる個性を持っているはずやのに、それを見つけることができないのです。見つけるには、自分自身をとことん追い込んで、厳しい状況のなかでしっかりと己を見つめるしか方法はないんです。

確かに乱暴すぎる言い回しかもしれませんが、私はあえて厳しい言葉をぶつけて追い込むことで、彼らを彼ら自身と対峙《たいじ》させ、奥底に眠っていた個性を見つけ出したい。教師というより、その埋もれていた能力を見つけ出す〝名人〟になりたいというのが、私がずっと抱き続けてきた願いです。今はまだ〝迷人〟ですが、そんな思いが、私の教師生活を支えているのです。

そのために、なにをするべきか。

答えは簡単です。

自分もまた丸裸になってぶつかること、そして彼らを最後まで信じる覚悟を持って接することが、私がやるべきことなのです。

「わしはお前のことを信じる」

そう言ったあと、私は必ずこう付け加えます。

「だから、お前もわしを信じてついてこい。とにかく信じて死にものぐるいになって柔道やって、それでもまだ変わらんかったら、そのときはまた、違う道を一緒に考えたる」と。

どんな子も、日本に、いや世界に一人しかおりません。その大切な個性をひきだすために、我慢して信じ通すのです。

もし、信じて信じて、それでも裏切られたら……。

それは三輪光《みわひかり》という男が、それだけの器やったということです。子どもたちを信じ通すということは、そんな自分自身をも信じ通すことですから。

今回は『仰げば尊し』のディレクター、読売テレビの小俵《おどら》靖之さんを通じ、この本を出版する機会を与えていただきました。自分のような人間の文章が、誰かの心に響くことがあるんやろうか、と不安でいっぱいです。道場で子どもたちを叱り飛ばしているほうが、どれだけ性にあっているか……。

ほんま、私は自分のことをダボな教師やと思ってるんです。

この序章を書いている段階でも頭がまだ整理できていませんし、子どもたちは播州弁の「わし」ではなく、「私」という一人称で書いているだけで大笑いしとるでしょう。

とにかく、引き受けた以上は最後まで丸裸になってぶつかります。

三輪光という男はどんな人間なのか——。

その時々のエピソードや思いを振り返るうち、私自身が初めて気づく新たな〝発見〟があるかもしれません。それが楽しみでもありますし、一人でも多くの人になんらかのメッセージを伝えることができれば、普段の教育現場では味わえない感慨が胸にわきあがってくるでしょう。

そうしたこれまでにない、まっさらな思いで感動を与えていただけるのであれば、その喜びを今目の前にいる子どもたちにも伝えたいと思っています。

第一章

てっぺん、とったらんかい

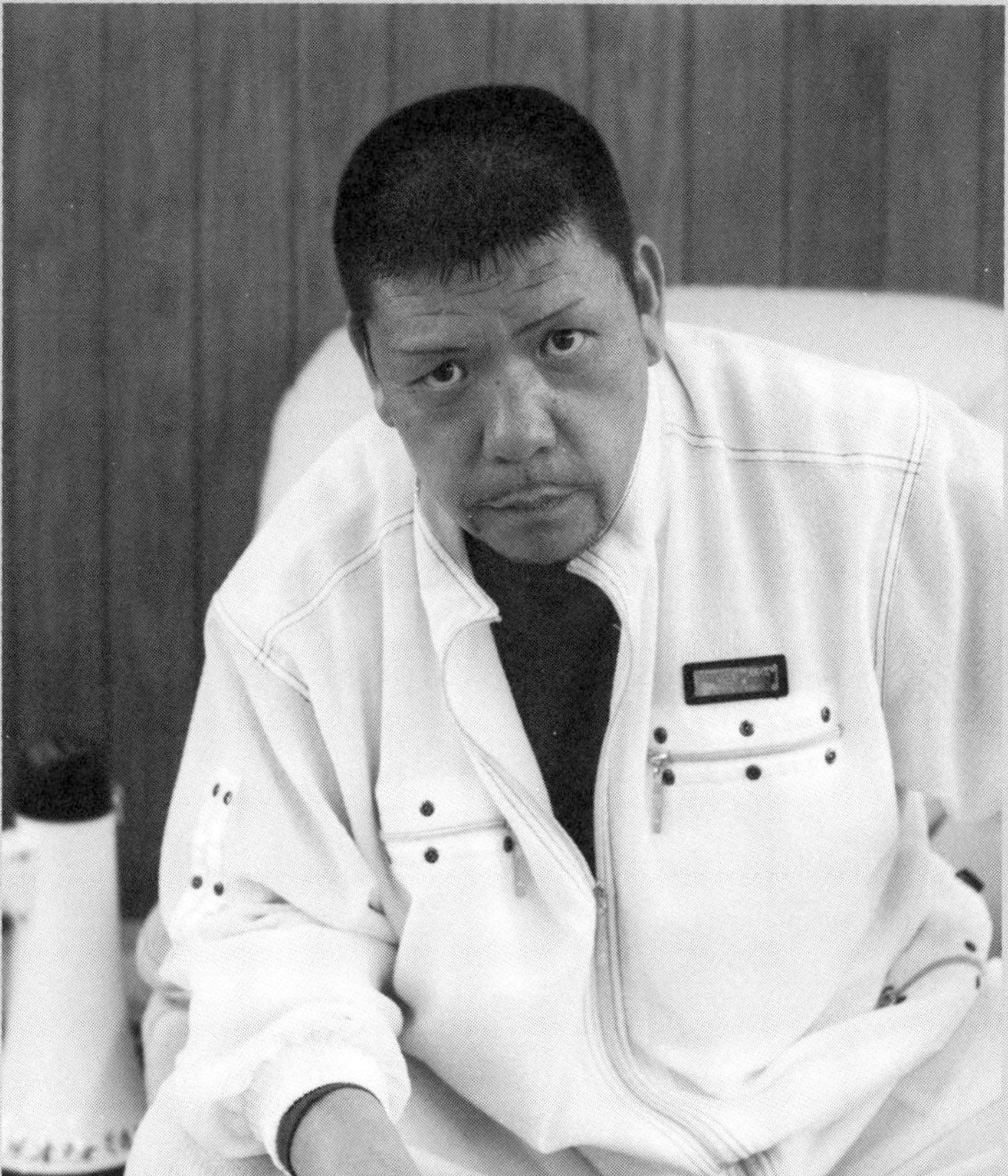

■勝利への執念

その瞬間、講道館に緊張が走りました。

2013年8月4日に開かれた第44回全国高等学校定時制通信制柔道大会の準々決勝、男子団体で六連覇を目指す我が飾磨工業多部制柔道部が、最強のライバルである神奈川の横浜修悠館高校とぶつかった一戦の三番手の戦いです。先鋒《せんぽう》、次鋒と連勝し、王手をかけた場面で畳に立ったうちの2年生、岡田《おかだ》豊樹《とよき》は横浜修悠館の選手に絞め技をきめられてもタップをせず、そのまま気を失ってしまいました。

あのとき、講道館でその光景を見た人たちは、なぜそこまで岡田が心を折らずにがんばったのか、不思議に思ったはずです。

あるいは、それまでに止める方法はなかったのか、という思いを抱いた人もいるでしょう。絞め技は頸動脈《けいどうみゃく》を圧迫するので、脳への血流が瞬間的に止まります。その状態でタップ、つまり「まいった」という意思を伝えないのは危険です。大げさではなく、対処を誤ると、死に至ることもあります。

しかし、岡田は絞め技をきめられてから数秒間、意識を失う瞬間まで拳を強く握りしめたまま、タップを拒んだのです。

　幸いなことに、岡田はしばらくして意識をとり戻しました。そして自分が負けた現実を理解すると、人目もはばからずに号泣しました。すぐに《飾工》の道着を身に着けた仲間たちがとり囲みます。私は副将戦が始まったばかりの畳を見つめながら、視線の先にその光景をとらえていました。

「泣くな、最後までタップせえへんかったやないか、負けてへんで」

「お前の分も、俺らががんばったる」

「ようがんばった。泣かんでええ」

　仲間から声をかけられても、岡田の涙は止まりません。私はかっと胸が熱くなるのを感じました。が、もちろん大事なライバルとの大一番のさなかですから、そんな感情を表に出すことはできません。

　しかし、正直に打ち明けると、私はこの岡田の執念と他の子どもたちの反応にふれたとき、ぐっと握り拳に力を込めました。岡田の執念は、六連覇を目指すチームに必要なものを与えてくれたからです。

　2年生でありながら、全国大会六連覇を目指すチームのレギュラーを張る選手と聞けば、多くの人は才能に恵まれた選手をイメージするかもしれません。しかし、岡田は決して柔道エリートではありませんでした。

どちらかというと、〝へたれ〟な男やったんです。

読売テレビのドキュメンタリー『仰げば尊し』を放映していただいて以来、メディアに取り上げられる機会が増えましたが、岡田はそのなかの一つの、あるテレビ番組を見て、一年前の10月に別の通信制高校から飾磨工業高校の多部制に編入してきました。

うちへ来た目的は、自分を変えたかったからです。うちの柔道部には、親御さんや私とどこかでつながりのある人物に勧められ、説得されてやってくる子も少なくありません。そんななか、岡田は自分の意思で、しかも私の厳しい指導スタイルをテレビ番組で見て、覚悟を決めたうえでうちにやってきたのです。

■逃げて解決することは世の中にない

私は岡田のことを〝でけそこない〟と呼んでいます。

なにをさせても、なにか一つ肝心なことが抜けとるんです。だから、名前ではなく、〝でけそこない〟と呼ぶようになりました。

「こらっ、でけそこない、なにしとんのじゃ、ちゃんと組まんかい」

道場で何度、怒声を響かせたかわかりません。神経質な教育関係者やったら、これだけで目くじら立てて抗議してくるかもしれません。

ここで断言しておきますが、私は自分が責任をもって預かった柔道部の子どもたちとの間に、第三者が入り込めない絆《きずな》を一人ひとりと形を変えながら築いているという自負があります。仮に抗議を直接ぶつけられても、私は自分と子どもたちとの関係を変えようとは思いません。

うちの柔道部には多部制、全日制あわせて50人ほどの部員がいますが、すべての子どもたちにニックネームをつけているわけじゃありません。その子が持っている雰囲気というか、名前を呼ぶより、ニックネームで呼んだほうがしっくりするキャラの奴につけるんです。今の部員のなかで、他にニックネームで呼んでいるのは「てつかぶと」や「するめイカ」といった程度です（笑）。

〝でけそこない〟こと、岡田は、すぐ、うちの柔道部になじめたわけではありません。昔の習慣が抜けないのか、入部当初は深夜の徘徊《はいかい》を繰り返し、授業や稽古にも遅刻ばかりしていました。

自分を変えたい——。

中学時代に道から外れたり、自暴自棄になって将来の夢や目標を見失った子どもがそう決心をして環境を変えても、その思いだけでこれまでのしがらみを断ち、自分をほんまに変えることはできません。岡田はうちに来てからはなんとか真面目に柔道と向き合っているようでしたが、なにがきっかけでつまずくかわかりません。3年生が卒業を控えた直前、岡田はついに家出騒動を起こしてしまいました。

理由はしょうもないことです。

ある日の朝、山陽電車で脱線事故がありました。通学に使っていた電車だったので、学校へ行くのが遅れてしまう。それはどうしようもないことなんですが、あいつは「学校に遅れたら三輪先生に怒られる」と思ったそうです。「三輪先生に怒られるのが嫌やから、学校には行かんとこう」と。そんな浅はかな考えで学校を休もうとした岡田は、母親に叱られると、怒って家を飛び出したんです。

そのときは、奴が行きそうなところをすべてあたりました。他の部員たちも携帯で連絡をとろうとしたり、岡田の中学時代の友人にあたってくれたりして、みんな必死になって捜しました。中学時代の友達と会う約束をしていることがわかり、その場所にも行きましたが、現れませんでした。

私たちが必死に捜していることを知った岡田は、結局、朝方には自宅に戻ったのですが、翌日、道場に現れた彼を私は叱責しました。

「一番ずるい、一番卑劣で卑怯な逃げるということを二度とするな」

岡田が特別なわけじゃありません。〝逃げぐせ〟というのが染みついている子は、決して少なくないんです。

今、目の前にある困難な問題を放棄してしまえば、とにかく楽になる。そんな考えがすべての思考を止めてしまうのです。いや、楽になるという考えさえなく、ただ今の苦しい状況から逃れることだけを考えているのでしょう。

しかし、嫌なことから自分を遠ざければ、確かに一時のしんどさからは逃れられるかもしれませんが、それやと、いつまで経《た》っても自分を変えることはできません。遠ざけた分、今よりももっと小さくて弱い人間になってしまうのです。

私が子どもたちをきつい言葉、時に乱暴な言葉で叱責するのは、自分が何者かを知るには、とことん追い込まれて等身大の自分と向き合う作業が、まず彼らに必要やからです。そうして痛みとともに自分とはなにかを理解し、自立心を持つことで、初めて他者との関係を築けると思うからです。そのために、私は一切の妥協をしません。飯を食う時間がなくても、寝る時間を削っても、そいつらと向き合うのです。

もともと私に怒られるのが怖くて逃げたんですから、道場で正座をした岡田は体を固くし、じっと私の目を見ています。私はさらに語気を強めました。

「どんなことがあっても、逃げて解決することが世の中にあるかい。失敗しても、叱り倒されても、常に立ち向かうんじゃ。でけへんかっても、結果的にあかんかっても、そのことと向きおうて立ち向かっていく姿勢が大事なんじゃ、それが人の道や」

私は最後にこんな言葉を投げつけて岡田の前から立ち去りました。

「わかったら、明日から来い。わからへんかったら、二度とわしの前に現れるな」

この言葉が彼の心にどう響いたか、このときはわかりませんでした。

■〝でけそこない〟を起用

岡田は家出をした時点で、そのときの苦しみからは解放されると思ったはずです。先のことなんてなんにも考えていない。今、この苦しみから逃れるためだけの行動やったんでしょう。まさか、私があそこまであいつを追いかけ、捜し回るとは思わなかったはずです。

しかし、そこで初めて逃げ場のない自分と向き合って、私の言葉を真摯に受け止める覚悟が彼のなかに芽生えたんじゃないでしょうか。

特に、「逃げるな」という言葉を、岡田はきちんと受け止めてくれたようでした。

翌日、岡田は道場に現れ、仲間と一緒に汗を流しました。それからは必死になって稽古に取り組んでくれました。横を向いていた目が、どんどん私のほうを向いてくるのがはっきりわかりました。

岡田の一学年下に杉野《すぎの》慧斗《けいと》という子がいるのですが、杉野も中学時代に荒れた生活を送っていました。

人生をやりなおそうとうちに来てからも、柔道に集中するまで時間がかかりました。まだ覚悟を決め切れていなかった1年生に、先輩の岡田はこう言ったそうです。

「三輪先生に一回、目ぇつけられたら、絶対に逃げられへんで」

それは、岡田の正直な気持ちやったと思います。あいつは自分の弱さと向き合うと同時に、私の本気さや覚悟に心の底から気づいたんやと思います。

もちろん、今まで向き合った柔道部以外の子どもたちのなかには、同じ言葉をぶつけても、学校を退学したり、さらに自暴自棄になる子もいました。

しかし、岡田は一度私にとことん追い詰められたことで、現実から逃げた自分の弱さと向き合い、前を向く勇気を持ったからこそ、私の言葉をしっかりと受け止め、行動に移してくれたんやと思います。

他の部員と共同生活を始め、家事を自分でするようになりました。生活のリズムを整えると、遅刻も一切なくなりました。そして誰よりも早く道場へ来て、稽古に励むようにもなりました。

「てっぺん、とったらんかい」という私の叱咤《しった》に、全身でぶつかってくるようになったのです。

岡田の〝変身ぶり〟は、チームにええ刺激を与えてくれるかもしれん。

そう考えた私は、まだ2年生で大会出場の経験もない岡田を全国大会に起用することを決めたのです。正直いって、技術的にはまだまだ荒削りですし、大舞台の経験のなさは致命傷になるかもしれません。その選択が正しいのかどうか、何度も迷いました。しかし、岡田の変化と伸びしろを見ていると、来年のチームの軸になってほしいという思いも膨らんできました。そのためにも、今のタイミングで大舞台を経験さすことが大事やと思ったんです。連覇を続けるには、そうした先を見越した采配も求められてきます。

そこから先、岡田がどれだけ精進し、どんな柔道を本番でしてくれるかは、もう彼にすべてを託すしかありません。

チームのために、迷惑をかけた3年生たちのために、絶対に勝ちたいと岡田は思ったはずです。団体戦に初めて出る自分が、負けるわけにはいかない。その根性が、執念が、意識を失うまでタップさせなかったんです。

一緒にしんどい稽古をしてきた先輩や仲間たちのために、目の前にいる敵に勝つ。そのことだけを考え、力の限りぶつかり、意識を失うまで勝利をあきらめなかった。この体験をした岡田は、それまでとは違う人間になったはずです。

「結果的にあかんかっても、そのことに正面から立ち向かっていけ」という私の叱咤を受け止めてくれた岡田は、全国大会の舞台でその姿勢を貫いてくれました。

それこそ、死への恐怖にすら逃げずに向き合ったんですから、半端な執念や覚悟ではありません。私に〝でけそこない〟と呼ばれ続けた悔しさも背景にあったでしょう。

この敗北は、勝利以上の価値があったと思っていますし、これからの岡田はそれを証明していかなあかんのです。

■「お前らは史上最弱のチームじゃ」

岡田の執念でさらに士気が高まったわが飾磨工業多部制柔道部は、最強の敵である神奈川の横浜修悠館を破りました。そのまま勢いにのり、男子団体で六連覇、女子団体で三連覇、そして個人戦でも主将の藤原大介《ふじわらだいすけ》が男子重量級で、濱谷優希菜《はまたにゆきな》が女子中量級で、そして娘の三輪望《のぞみ》が女子軽量級で昨年に引き続き連覇を成し遂げ、最高の形で大会を終えることができました。

団体戦連覇の「6」と「3」、そして個人戦タイトルの「3」をあわせた「12」度、私は講道館で宙に舞いました。講道館といえば、柔道に関わる人間にとっての聖地です。その聖地で胴上げなんて許されない行為かもしれませんが、このとき、この瞬間だけは許してください……。講道館の創設者である嘉納治五郎《かのうじごろう》先生に心のなかでそう許しをこいながら、子どもたちの手で宙に舞ったのです。不謹慎な言い方かもしれませんが、講道館でこれだけ胴上げされた人間は、そうはいないと思います。

指導者として、今年も「てっぺん」の風景を見ることができた。今年も子どもたちに「てっぺん」の風景を見せることができた感慨で胸が詰まりました。

結果だけを見れば、私たちと他のチームに実力差があったかのように思われるかもしれませんが、決してそんなことはありません。定時制とはいえ、全国の頂点、てっぺんに立つには実力はもちろん、その時々の勝負運が必要になってくるからです。

とりわけ、六連覇がかかった男子団体は大会前、かなり厳しい予想をしていました。今年のチームは大柄な選手が少なく、全体的に小粒な印象をぬぐえませんでした。

「お前らは史上最弱のチームじゃ」

そんなきつい言葉で子どもたちの奮起を促したこともあります。

そしてなにより、他のチームは〝打倒・飾工〟のモチベーションを年々高めて全国大会に臨んできます。よほど強い精神力を持ち、本番で実力以上のなにかを爆発させないと連覇を成し遂げるのは難しいと思っていました。

「連覇の重圧をかみしめながら戦えるんは、お前らだけや。講道館の畳の上で、こんな経験をさせていただけることに感謝の気持ちを持って戦うんや」

大会前、私は子どもたちにそう声をかけました。みんな緊張と覚悟が入り混じったええ表情をしていました。

私は信じました。

先輩たちが築いてきた栄光をどんな形で引き継いでいくか、その結末に一切の言い訳は通用しません。しかし、どんな結果になるにせよ、今、目の前にいる子どもたち、台風などで警報が出た日以外一日も休まず、厳しい稽古に歯を食いしばって耐えてきた子どもたちの力を信じたのです。

■勝利の神様にほほえんでもらうには

定時制の全国大会は国体と同じように、県代表として戦います。兵庫は飾磨工業の単独チームで出場していますが、神奈川も陸上自衛隊の精鋭を育成する横浜修悠館を中心にチームを構成しています。最大のライバルであるその神奈川チームも大柄な選手はいませんが、小柄ながらスピードと技のきれの素晴らしい選手たちをそろえてきました。

おそらく、10回やれば、6回は負ける。そんな力関係やったんじゃないでしょうか。その神奈川に勝ち、他の県代表にも勝って六連覇を果たせたのは、私が信じた以上に、子どもたちの精神力、先輩たちから引き継いだ伝統を守らないといけないという責任感が高まっていたからだと思います。

もちろん、その伝統はめちゃくちゃ大きな重圧でもありますから、正直いって、神奈川や天理高校第二部を中心にした奈良に圧勝したときには『今、目の前で起こってるんは奇跡や』とさえ思いました。

岡田は意識を失うまで戦い抜きましたが、同じような執念を他の子どもたち、レギュラーだけでなく、観客席で応援していた子どもたちも共有していたんです。うちの選手たちはみんな、信じるに値する素晴らしい子どもたちやったわけです。

この日の本番、私はいつもの道場でのように子どもたちを叱責しませんでした。

「失敗をおそれるな。お前のすべてをかけろ」

「最後の最後まで自分を信じて、最後まで攻めの柔道をしろ」

マネジャー兼選手の柴原《しばはら》みさきには「お前の目はまだ、戦う目になっとらんのや、わかっとんかい」と、団体の準決勝の前にハッパをかけましたが、彼女も最後の最後にええ柔道をしてくれました。

「今日は勝利の神様がお前らにほほえんでくれた」

優勝が決まったあと、私は歓喜の余韻を表情に残している子どもたちにそう言いました。それが偽らざる本音やったからです。

全国レベルの勝負には、常に運がついてまわります。全国大会を連覇するということは、そうした勝運に恵まれてきたということでもあります。言い方を変えれば、私たちはその勝運に恵まれるために厳しい練習を続けてきたのです。

「でもな……」

私はそのことを彼らに伝えました。

「神様は死ぬほど努力した人間にしか、ほほえんでくれへん。お前らは日本で一番ぎょうさん、日本で一番高い志を持って練習してきた。みんなで力をあわせて勝ち取った今の喜びをしっかり胸に刻んどけ。これからの人生に必ず生きてくる」

■「てっぺん」にこだわる理由

ものごとには、必ず始まりがあります。

六連覇という偉業を成し遂げた今、その始まりを振り返ると、万感の思いがこみあげてきます。連覇を続け、私の〝ヤンキー先生〟キャラがテレビで紹介されたおかげでいろんな方から応援していただいていますが、最初から強かったわけやないんです。

講道館には、試合に出られなかった子どもたちはもちろん、かつて私にしごかれた教え子たちと、その親御さんがたくさん駆けつけてくれました。現役の子どもたちと、卒業したOB、そしてそれぞれの親御さんたちの絆が深いのも、うちの柔道部が胸を張れるところです。

わざわざ東京まで応援しに来てくれたOBたちの顔を見つけると、それぞれの時代のことを思い出します。なかには卒業してちゃらちゃらしてんのか、髪の毛をおかしな色に染めたデブもいて、あとで思いっきり説教したろかと思いましたが（笑）。

飾磨工業多部制柔道部の連覇が始まったのは、私が柔道部を率いて三年目からです。つまり、最初の二年間、私と向き合ってくれた柔道部の子どもたちは「てっぺん」からの風景を見ていないのです。

なぜ、私が「てっぺん」という言葉にこだわるのか。

後の章でもふれますが、私の教師としての原点は、大学を卒業して初めて赴任した兵庫県立相生《あいおい》産業高校の定時制課程でした。

相生は造船の町としてにぎわったところです。戦後、この港町で働く人々は日本の高度経済成長を支えたのですが、徐々に造船産業は衰退していきます。そんな町にある定時制高校には当時、全日制の受験に失敗した子どもたちや、いったん道を外れかけた非行少年たちが集まってくるイメージがありました。

新任教師の私は、熱意を持った先輩教師らと一緒に、こびりついた定時制のイメージを変える取り組みに奔走しました。どこか視線を落として学校へやってくる子どもたちに、学ぶ楽しみや、授業以外の活動で夢中になれるものを与えてあげたいと思ったのです。

私が子どもたちと一緒にがんばったのは、柔道ではなく、陸上でした。この当時、それまで夢中になれるものを見つけられずにいた子どもたちの目標となったのが、定時制の全国大会での優勝、つまり「てっぺん」の記録を作ることだったんです。

私も20代前半でしたから、それこそ全力で子どもたちにぶつかりました。

本格的に陸上競技をしたことのない子どもたちを鍛え、全国大会での優勝を目指すなんて無謀な挑戦やったかもしれませんが、高い目標を設定したからこそ、子どもたちの心のなかに生まれた変化と成長を間近で見ることができました。

自信を持たせるには、高い壁に挑ませ、越えさせるのが一番です。もちろん、そのためには普通の子どもたちの何倍も努力をしないといけませんが、その積み重ねた努力こそが将来の糧になるんです。

彼らの成長は、駆け出し教師だった私の財産になりました。それは「てっぺん」を目指したからこそ生まれた変化やと思ったんです。

■原点

相生産業高校でいろんなことを学んだあと、明石《あかし》南高校に転任し、そこで初めて柔道部を顧問として指導しました。県立高校ながら県内有数の柔道強豪校として知られるようになり、インターハイ選手や国体代表選手を何人も育てました。才能に恵まれた中学生たちをスカウトしてくる私立の強豪校と互角以上に戦うのは大変でしたが、そんななかで県立高校の柔道指導者として満足できる結果を残した自負と満足感がありました。

私が飾磨工業多部制に赴任したのは、そうした学校で経験を積んだあとでした。

当時、飾磨工業の柔道部には顧問の先生がいらっしゃいましたし、私は再び定時制の子どもたちと向き合うなか、新たな世界で教師として勝負したい。そんなことをぼんやりと考えていました。しばらく柔道から離れよう、と。

しかし、世の中には偶然なんか、必然なんかわからない流れが起こります。

柔道部の顧問をされていた先生が、ご家庭の都合で、それまでと同じような指導を続けられなくなりました。そこで、柔道部を指導した経験がある私が代わりに教えることになったのです。

引き受けたからには全力でやろうと思いましたが、当時の柔道部員はたった3人しかいませんでした。それも、一人ひとりの子どもたちが、とても柔道に集中できるような環境じゃありませんでした。

飾磨工業の多部制にも、さまざまな事情を持った子どもたちが集まってきます。家庭の事情が多いのですが、仕事をしながら学校に通っている子もいます。生活の糧を稼ぐためですから、そうした仕事やアルバイトの時間を削って柔道をやらせるわけにはいきません。さらに、これは言葉の使い方が難しいんですが、当時は周囲から冷たい目で見られていた子どもたちも少なくなかったのです。

不良という言葉も適切なんかどうかわかりませんが、実際、向き合った子どもたちはどこか大人たちを猜疑心《さいぎしん》に満ちた目で見つめ、エネルギーのはけ口を時には反社会的行為に求めがちでした。

序章にも書きましたが、子どもたちはみんな一人ひとりが、なにか輝ける個性を持っているはずです。しかし、彼らは他人から認められたこと、評価された経験がないので知らず知らずのうちに周囲と壁を作ってしまうのです。

つっぱってしまう心の裏側をはがすと、自分に自信がなく、気持ちの弱さを社会に過剰に反発することでごまかそうとしている子が少なくありません。そうした子どもたちに、自分も何かできる自信、何者かである実感を与えてやるのが、言うまでもなく、私たち教師の仕事なんです。

要領のええ、ずる賢い奴が得をする社会になりつつあるのかもしれませんが、私はそういう人間は好きじゃありません。

教師が人に対する好き嫌いを口にするのはよくないかもしれませんが、私は不器用なのにとんがって、自分の将来や社会になんの期待も見いだせないでいる彼らに、あほでも不器用でも、元不良でも、なにかができるという自信を柔道を通じて教えたかったんです。

ただ漫然と道場へ来て練習していても、むき出しになった個性を感じることはありません。「てっぺん」を、日本一を目指すようなレベルの練習に身を投じて、苦しいことをいっぱい経験するなかで、初めて生身の自分自身を知ることができるんです。

できれば、こいつらに「てっぺん」からの風景を見てほしい。もし、てっぺんに立てなくても、それを目指して血のにじむような努力をすることで、胸に抱えている空虚な気持ちを消してやりたいと思ったんです。これも誤解を招く表現かもしれませんが、定時制でがんばっている子どもたちやからこそ、「てっぺん」を目指す価値が大きい、と。

もちろん、飾磨工業多部制柔道部を率いてすぐにそう考えたわけじゃありません。私が彼らの前で「てっぺん」という言葉を堂々と口にするまでには、いろんな試練がありました。

■箸持つ手はどっちや？

　さあ、柔道部の顧問を任されたものの、部員は3人しかいません。団体戦は5人のメンバーが必要ですから、そのままやと大会にも出られません。学校内で体のでかい生徒を見つけると、柔道部に勧誘して、なんとか部員を増やそうとしました。

　なんとか、5人を超える部員を確保しましたが、中学時代に柔道をやっていた経験者は1人しかいませんでした。道場での稽古といっても、ど素人ですから、野球でいうとキャッチボールのやり方や、バットの握り方から教えなければなりません。

　利き手を教えるとき、こんなやりとりをしたのを覚えています。

「お前の利き手は右と左、どっちや」

「利き手ってなんですか？」

「お前、箸持つときは、どっちの手で持つんや？」

「だいたい右です」

「だいたいってなんや、お前、左で箸持つことあるんか、ダボ～」

　こんな感じで、私と飾磨工業多部制柔道部の関わりは始まったのです。

最初に向き合った子どもたちに、かなりのワルが多かったのは事実です。鑑別所に入らなあかんような奴もいました。

わしが倒れるか、こいつらが倒れるか——。

そんな気持ちで毎日道場へ足を運びました。心身ともに全力で鍛え上げたつもりでしたが、いきなり大会に出ても、勝てるはずがありません。

一年目は県大会こそ勝ちましたが、全国大会に行っただけで満足しているようなレベルでした。このころは礼儀については厳しく指導していましたが、柔道の技量でいうと、まだまだ本格的な指導はできていませんでした。負けてもどこかへらへらした感じが、まだ子どもたちのなかにもあったと思います。

それなりにがんばっても、結果が出ない。結果が出ないと、がんばる意義を見つけられなくなります。結果を出すためには、とことん練習するしかありません。

柔道部の練習は、次第に厳しさを増していきました。柔道経験はなくても大柄な選手が入ってきましたし、私が指導して二年目も県大会を勝ち抜き、全国大会に出場することができました。

一年目もそうだったと思いますが、全国大会に出場しただけで、子どもたちには自分たちが今までと違う世界にふれるチャンスをつかんだある種の達成感が芽生えたかもしれません。

講道館の畳の上に立つだけでも、彼らにとっては貴重な体験です。でも、私はそこで満足してほしくはなかった。全国の頂点に立ってこそ、見える風景があるし、周囲の見る目も変わる。お前らの人生が変わっていくんやということを何度も繰り返し伝えたのです。

しかも、この年は、それなりに練習してきたという思いもあり、全国大会でも勝てるのではないかと少しだけ自信がありました。

しかし、私の考えは甘かった。

2007年8月。私たち飾磨工業多部制柔道部は再び全国大会の舞台に挑戦しました。定時制の全国大会とはどれほどのレベルなのか見極めてやろう。

このころの私は心のどこかで定時制の大会を甘く見ていたのかもしれません。

しかし、そのレベルは私が想像していたよりもはるかに高かったのです。

対戦した相手が、当時連覇をしていた神奈川の横浜修悠館だったのも不運でした。いや、今振り返ると、それがかえってよかったのかもしれません。

格闘技の世界でよく〝秒殺〟という表現が使われますが、まさにそれでした。うちの子たちはあっという間に投げ飛ばされてしまいました。

明石南時代にインターハイ選手を育てたことで、指導者としてある程度の自信は持っていました。しかし、この年の定時制通信制全国大会で、私はハンマーで頭を叩き割られたような衝撃を受けました。

定時制といえども、強いもんは強い。正直、このレベルでうちの子どもたちを「てっぺん」に立たせるにはかなりの時間と稽古量がいるぞと、深く反省させられました。

柔道センスに恵まれない子どもたちをインターハイに出場できるレベルにまで鍛え上げげんと、ここでは勝てん、と。

■「お前ら、ほんまに悔しいんか?」

定時制通信制全国大会のレベルの高さに驚いた私の感情をさらに揺らしたのは、惨敗した子どもたちが講道館の階段の踊り場で悔し涙を流していたことです。

生まれて初めてスポーツに打ち込み、より高い壁にぶつかっての涙です。おそらく、すべての子どもたちにとって、初めて心の底から流す悔し涙やったんやないでしょうか。その涙の意味を考えた私は、極めて当たり前のことに気づきました。

「こいつらも、本気で勝ちたかったんや」と。

私は自問しました。不器用な生き方しかできず、社会のなかで自分の居場所を見つけ出せずにいたこいつらに、自分は本気で新しい世界を開いたろうと思ってたんやろか、あるいはその気持ちをどこまでこいつらに伝えることができてたんやろう……。

「お前ら、ほんまに悔しいんか？」

私は自分の迷いをかき消すように、泣きじゃくる子どもたちの背中に声をかけました。団体戦のレギュラーではない子どもたちをふくめた全員が、体を震わせながら無言でうなずきます。

このとき、私はこいつらのこの涙を無駄にしたらあかんと思いました。こいつらのこの悔し涙をそれぞれの子の将来の、そして飾磨工業多部制柔道部の未来の糧にせんとあかんと、心の底から思ったのです。

そのあと、講道館のある水道橋から東京駅まで出ました。駅構内にある食堂で、子どもたちや応援に来てくれた親御さんたちと食事をしてから新幹線に乗る予定でした。

「先生、こいつらを勝たせてください」

最初に声をかけてきたのが、誰の親御さんだったか、記憶にありません。しかし、そのお父さんは必死の形相でした。

この当時、飾磨工業の多部制にやってくる子どもたちは精神的に荒れている子が多かったのは事実です。親にも反抗的な態度で接し、それまでいた学校の先生たちからも見放されていた奴も少なくありませんでした。

周囲の視線は当然、親にも注がれます。

「あの子を殺して、私も死のうと思っていました」

そう私に打ち明けてくれた母親もいます。しかし、うちの柔道部に入り、毎日道場で稽古を重ね、全国大会にまで出るようになった子の姿に、親御さんたちもまた心を揺り動かされたのでしょう。

だからこそ、子どもたちの勝利を願ったのです。

■「てっぺん」を目指す覚悟

「お前ら本気で勝ちたいんか？」

東京駅の地下、食堂に入る前だったかあとだったか、私の問いかけに子どもたち全員がうなずきました。講道館で流した涙はもう乾いています。

「お前ら、本気でてっぺん立ちたいんか？」

このとき、初めて「てっぺん」という言葉を子どもたちの前で使った記憶があります。子どもたちはうなずきました。

「よっしゃ、わかった」

私は自分自身の決意を固めるように言いました。

「今から姫路へ帰って、明日の朝からさっそく朝練じゃ」

子どもたちは「はい」と声を出してうなずきます。しかし、私は目の前にいる子のうち、半分でも朝練に来たらええと思っていました。この時点ではまだ、彼らの本気を疑っていたのです。


そして翌朝、道場へ足を運んで驚きました。

子どもたち全員が顔をそろえていたんです。こいつら、本気で悔しかったんや、本気で「てっぺん」をとりたいんや……。

そう思うと、体が熱くなっていくのを感じました。

辛《つら》いことを乗り越えて初めて、自立心は生まれてくる――。

教師になってからずっと、胸のうちで考えていたことが正しいことを改めて確認しました。子どもたちは全国大会で心の底から悔しいと思ったことで、ようやく自我に目覚め、本気で強くなりたいと思ったんです。

そして大げさではなく、こう決心しました。

「こいつらを『てっぺん』に立たせられんかったら、教師を辞める。その覚悟でこいつらとぶつかっていこう」と。

繰り返しますが、柔道エリートなんて一人もいません。いや、柔道の世界だけやないんです。

みんな、周囲から認められたり誉《ほ》められたりしたことのない奴らばっかりやったんです。

だからこそ、こいつらに「てっぺん」からの風景を見せてやりたい。

それが、私の教師としての〝最大の使命〟やと強く自覚したんです。

もちろん、普通の稽古をしていてもその目標に近づくことはできません。定時制とはいえ、全国大会のレベルの高さを痛感したばかりです。

私は朝練に顔をそろえた子どもたちに向かって強い口調で言いました。

「てっぺんとるには、日本一になるには、日本一辛い思い、しんどい思いをせんとあかん。お前らにその覚悟があんのかい」

全員がうなずきました。

うれしかった。そしてその瞬間から、私はいろんな意味で〝鬼〟になったのかもしれません。

第二章

教師への道のり

■総理大臣を夢見たガキ大将

この章では、私が教師になるまでのことを書いておきたいと思います。

今の三輪光という男の原型と、これまでのメディアの取材に対しても口を閉ざしてきた過去の挫折、そこから私を救ってくれた恩人についても正直に語ろうと思います。

今の姿からは想像がつかへんでしょうが、ちっちゃいころは、体が細くてぜんそく持ちの病弱な子でした。「なんか、悪いもん食わしたんちゃうか」ってまわりの大人から言われるぐらいに、体が弱かったんです。

生まれたのは姫路市の大津というところです。両親は兼業農家をやっていました。きょうだいは妹と弟。それに死産だったという姉がいました。その姉のことがありましたから、両親は病弱だった私の体を心配し、大事に、少しでも体が丈夫になるようにさまざまな形で愛情を注いでくれました。

丈夫になりすぎて、あとで後悔することになるのですが……。

地域で評判になるほどのガキ大将になったのは、小学校2、3年生のころからやったでしょうか。やんちゃというか、体もどんどん大きくなって周囲に手を焼かせていました。「ひかりくんに泣かされた」という同級生の母親が家にやってきたりして、そういうときは、普段は優しい母に思いっ切り怒られました。

ちなみに私が生まれたのは東京五輪が開催された1964年で、東海道新幹線が開通した年でもありました。長男に「ひかり」と名付けたのは、そんな時代背景もあったのでしょう。後に私も長女を「のぞみ」と命名した理由は、ご想像にお任せします。

さて、子どものころは、大人になって振り返ると、赤面してしまうような夢を抱いていたりするものです。

私の場合、それは「総理大臣になる」という夢でした。

覚えているのは、小学2年生のときの担任の先生と、こんなやりとりをしたことです。

「ひかりくん、将来、なにになりたいん？」

「そうやなあ、総理大臣」

「へぇそうなん？　総理大臣になるんやったら、大学には行かなあかんな」

なぜ、総理大臣になりたかったのか。

今となってはよく思い出せませんが、地域でも評判のガキ大将でしたから、小さな集まりでリーダーシップをとっているうち、もっともっと大きなところでいろんな人を率いていきたいと思ったのかもしれません。

それだけのやりとりで、なぜか私の頭のなかに「大学だけは行っとかなあかん」という意識がすりこまれたのです。それは少し大きくなって、総理大臣になる夢が消えたあともずっと続いたんですから、子どものこの記憶というか、感受性は不思議なもんです。

今、教師という立場になって振り返れば、子どもたちに伝える言葉は、それぞれの子どもたちによって、受け止め方が違います。なにげなく口にしたことが、それぞれの子どもたちの人生のなかに長く残り続けることがある。そんなことを常に肝に銘じながら、この仕事と向き合うようになったのも、私個人の体験が大きく影響しているのです。

■レオタードの誘惑

小さいころから腕っぷしには自信があったのですが、小学校の高学年のころに最も熱中していたスポーツは、ソフトボールでした。けっこう、ハードヒッターやったんです。総理大臣になりたいと言いながら、将来は甲子園に出て、いずれはプロに……と、多くの少年たちが描く夢が私にもありました。

柔道は父の知り合いが自分の健康のために地元の子を集めて教えていて、そこに小学1年生から二年間ほど通ってはいましたが、本格的に打ち込んだわけではありませんでした。

ソフトボールに熱中していたこともあり、地元の中学に進んでからは、野球部に入ろうかとも思っていましたが、そこはまだ12歳のガキです。

中学に入った直後だったと思います。

私は仲のよかった同級生3人と、学校近くにある「よこたや」という駄菓子屋に立ち寄りました。この3人は「三木」「溝上《みぞかみ》」「三輪」と、出席番号が近く、よく一緒につるんでいました。

そのとき、たまたま店に3年生の女子がいたんです。

同じ中学の新入生であることがわかると、そのうちの一人が、私たちにジュースをごちそうしてくれました。

それがなかなかのべっぴんさんやったんです。おごってもらったのは、「チェリオ」というジュースのグレープ味でした。今も販売されているんでしょうか、そういうときの記憶は細かいところまで鮮明だから不思議です。

「べっぴんさんに買《こ》うてもろうたジュースはうまいな」

再現すると、おっさんの会話みたいですが、1年生3人はそんなことを口にしながら、ジュースをごくごく飲みました。

「先輩って、部活はなにしとるんですか？」

そう聞いたのは、私やったと思います。

「体操部よ」

そう先輩は答えました。

それまで自分がマットの上で柔軟体操をしている姿なんて想像もできませんでしたが、このあとの先輩の言葉で、私たちはその想像できない世界に一歩を踏み出すことになります。

「一回、練習を見においでよ」

今振り返れば、最初から新入部員を勧誘する作戦やったのかもしれません。3人のなかで「やっぱり、わしは野球をやる」と言ったのは、意志の強い『三木』だけでした。私は『溝上』とともに、誘われるがまま体操部の新入部員になるのです。

今の柔道着を着た私の姿からは想像できないでしょうが、中学生になった私は体操という競技に次第に惹《ひ》かれていきました。

1年生は朝の7時には集合して柔軟体操をみっちりやらされました。元来、負けず嫌いですから、バク転やバク宙も一生懸命練習しました。体操という競技は自分の体だけで表現しますから、一つひとつの動作に細心の神経を払わないといけません。体の使い方という意味では、あらゆる競技の参考になると思います。

しかし、その一方で、入学以来ずっと、柔道部を指導している田中という用務員のおっちゃんに「一緒に柔道をやろう」と、声をかけられていました。気持ちがすぐ柔道部に傾かなかったのは、当時のうちの中学の柔道部はいわゆるワルが多かったからです。部室がわりに使っていた倉庫には、タバコとエロ本が転がっていて、そんな男くさい世界に中学1年生の身で飛び込む気にはなれんかったんです。それより、女子と一緒に体操してたほうがええと考えたのですが、その気持ちは長続きしませんでした。

夏休みまでは、体操部で活動しましたが、次第に物足りなさを感じたのかもしれません。夏休みが始まると練習に行かなくなり、友人と遊び回っていました。

そして夏休みが終わったあと、体操部を辞めました。柔道部からの誘いを断り切れなかったのと、自分自身でも小学生のときに少しだけかじった柔道を、もっと本格的にやってみたいという気持ちもあったんやと思います。

そうした回り道をして、1年生の9月から柔道部に入りました。

みんなから『めがねバッタ』というあだ名で呼ばれていた田中のおっちゃんはこの間もずっと、本当に熱心に誘い続けてくれました。最初からその声にしっかり耳を傾けておけばよかったのですが、それまではレオタードの誘惑に負けていたのです（笑）。

■反骨精神

柔道という競技は、私の心の底に響くものがありました。

本格的に稽古に取り組むようになると、礼儀作法もふくめ、普段の生活態度も変わってきました。やんちゃな部分は変わりませんでしたが、畳の上で技をかけたり、かけられたりしているうちに、目の前の勝ち負けだけではない、柔道が人の生きる道を説く武道であることを中学生なりに実感するようになりました。

私たちの中学があったのは、兵庫県の中播磨《なかはりま》地区というのですが、私たちは、この地区では一番強いチームになりました。厳しい稽古を積めば、どんどん強くなれるのも柔道の魅力です。懸命に稽古し、大会でもベストを尽くした結果、中学を卒業するときには私立の強豪校から声をかけてもらえるほどの選手になりました。インターハイにもよく出場していた兵庫県の柔道界をリードする高校で、私はより高いレベルで柔道ができる喜びを感じました。決して裕福な家庭じゃなかったですから、学費を免除していただけるというのも気持ちが高ぶった要因でした。

しかし、思わぬことで、私はその話を断ることになります。

「ただで高校、行けてええの」

「勉強せんでも行くところがあってええなあ」

友人や友人の母親から、そんなことを言われたのがきっかけでした。

今振り返ると、ちっぽけな意地なのですが、私は自分だけが特別扱いされていると思うと、それを受け入れることが嫌になったのです。そんなことにどこかで負い目を感じながら、柔道は続けたくないと思ったのです。

自我の強さといえば、かっこいいですが、当時の私には意地を張りすぎるというのか、絶対に自分を曲げない部分がありました。少しでも後ろ指をさされるようなことは男としてしたくないという気持ちが、強かったのです。

誘っていただいた高校の関係者や、両親にも嫌な思いをさせたと思います。

とんがりすぎていたのかもしれませんが、その判断が将来の自分にどんな影響を与えるのか、あまり深く考えることなく決断したのです。

ともかく、それで進路が白紙になってしまいました。

■おじいちゃんっ子

どこの高校に行くか改めて考えたとき、ふっと脳裏に浮かんだのが、祖父とかわしたやりとりです。

私は、農業に忙しかった両親の代わりに、3歳くらいから母の実家に頻繁に行っていたらしく、自他ともに認めるおじいちゃんっ子でした。祖父は私が中学に入るころからずっと、ガンで入退院を繰り返していたのですが、あるとき、退院していた祖父と2人で魚釣りへ行く機会がありました。

網干《あぼし》の沖に船を出し、肩を並べて釣り糸を垂らしながら、いろんな話をしました。このとき、どんな魚が釣れたのかはよく覚えていませんが、釣りを終え、岸に戻っているとき、海の上から見つめた網干の浜に、建設中の校舎が見えました。

「きれいな学校ができるんやな」

祖父が言いました。私はその校舎が翌年4月から開校する網干高校の校舎だと知っていたので「来年4月にできる高校の校舎や」と教えてあげました。すると、祖父は「きれいな校舎やな。お前、あんなきれいな学校行きとうないんか」と言ってきたのです。

このとき、柔道で強豪校へ行くことを考えていた私は、網干高校という新設校を自らの進路として考えたことはありませんでした。

しかし、特待生として入学するはずだった私立の強豪校からの誘いを断ったあと、別の高校を探したとき、頭に浮かんだのがこのときの祖父とのやりとりやったんです。

いろんなことを考えました。強豪校にスカウトされ、強い仲間にもまれるのもいい。しかし、すでに伝統のある学校ではなく、新しい学校で、自分たちで新しい歴史を刻んでいくのもいいんじゃないか。

ゼロから自分の手で新たなものを築いていく。

そんな気概が、胸のなかでどんどん膨らみ始めたのです。

私は悩んだ末、網干高校に2期生として進学しました。新設校はまだ部活動も充実していませんでした。

柔道部を作ることから、私の高校生活は始まったのです。

■自由な高校生活の功罪

高校生となった私は、柔道部を作るべく仲間を探したのですが、なかなか人数が集まりません。見つかったのは、柔道経験のある同級生2人だけ。校長に柔道部の創設を求めると「3人では部として認めることができない」という返答でした。「今は場所もない。9月には体育館が建つからそれまでに志あるものを最低でも5人集めてみろ」と。

それで必死になって一緒に柔道をする仲間を集めました。ようやく7人の仲間を集めて1年生の秋に、網干高校柔道部を立ち上げたのです。

顧問は剣道の経験のある先生でしたが、先輩がいない状況での部活動は、自由であり、一方で強くなるのも、弱くなるのも自分たち次第という責任もありました。

「三輪先生も、高校のときは相当悪さしたんでしょ」

読売テレビのドキュメンタリー『仰げば尊し』が放映されて以来、そんなことを聞かれる機会が増えました。

今振り返ると、確かに高校生としてどうか……ということは何度かしたかもしれませんが、先輩もいませんし、新設校でしたから、高校でやりたいと思ったことはなんでもできたんです。稽古も自分が納得できるまでやれるし、稽古に飽きて夜遊びがしたくなったらできました。おかしな言い方ですが、ぐれる必要がなかったんです。勉強も、それなりにちゃんとやりました。

1年生のときに右ひざを痛めて入院したことはありましたが、仲間と一緒に柔道を楽しみながら稽古を重ね、兵庫県下の高校柔道界でそれなりに名前を知られるような存在になりました。

3年生の春の県大会で、その前の秋季大会で兵庫県チャンピオンやった選手に開始30秒、払い腰で勝ったこともあります。優勝候補に勝ったわけですから、その勢いのまま優勝したかったのですが、どこかに慢心があったのかもしれません。10回やればおそらく9回は勝つ自信のある相手と準々決勝であたり、2対1の旗判定で敗れてしまいました。

負けたことは悔しかったのですが、私の胸のなかには違う感情もありました。

県大会で上位に食い込んでくるのはみんな、私学の強豪校で厳しい稽古に明け暮れている選手ばかりです。

「もし、私学へ行っていたら、大変やったな」

正直、このときはそんなことを思いながら戦っていました。

新設校で自由に柔道を続けていた私は、彼らより楽をしながら、好き勝手に自分のやりたいまま柔道をしていたことに不思議な満足感を抱いていたのです。

より深く記憶を掘り起こせば、このときは負けた悔しさを「わしらはあいつらほど、柔道ばっかしやっとったわけやないから」という感情に押し込み、敗戦と正面から向き合うことから逃げていたのかもしれません。

■都合のいい理由は人を成長させない

なぜ、高校時代の私は県大会で優勝できなかったのか。

兵庫県で「てっぺん」をとれなかったのか。

それは柔道の神様がほほえんでくれるほど、柔道に打ち込んでいなかったからです。胸のなかに巣くっていた甘い感情は、教師になった私が目の前にいる子どもたちに言い続けてきたこととは、まったく違うことです。

人は自分の挫折や敗北に都合のいい理由を見つけると、どうしてもそこに逃げ込みたくなります。しかし、そこに逃げ込んどったら、いつまで経っても今ある以上の自分にはなれない、成長するきっかけをなんもつかめないんです。

もし、その後も柔道に関わることがなければ、私はそのことに気づかないまま、人生を過ごしていたかもしれません。

「お前のようなわがままな人間は会社勤めは無理やから、体育の先生くらいしか道はないで」

母からそう言われたのは、大学進学を考え始めたころだったでしょうか。

実際、スポーツは柔道以外でもなんでも得意でしたし、新設校で一から柔道部を立ち上げて活動した経験は、私に自然とリーダーシップを身につけさせてくれました。学校という場所が、自由に活動できる場であったことも私の気持ちを強くしてくれました。

教師という立場で、学校という舞台でさまざまなことに挑戦したい。

漠然とですが、そう思い始めたのです。

小学生のころに思い描いた「総理大臣」という夢はさすがに現実的ではありませんでしたが、あのとき、担任の先生が言った「大学には行かなあかん」という言葉は、この当時も胸の底にありました。

体育の先生という未来像を明確にすると、進路もある程度絞られてきます。

私はある大学に進むことを決めました。将来をしっかり見据えたうえで、大学時代の四年間は柔道にかけようと思ったのです。

■新たな環境と怪我

しかし、大学に入学する直前、アクシデントに見舞われてしまいます。

入学を待たず、他の新入生とともに愛知の大学で行われた出稽古に参加していたときのことです。

3月21日、春分の日でした。

練習中に、高校1年生のときに痛めた古傷の右ひざを負傷してしまいます。大学に入学する直前のこの怪我《けが》は、私の柔道人生を大きく左右することになるのです。

ある意味で不運だったのは、怪我をしたのが大学へ入学する直前やったということです。病院の先生が「不安があるなら手術したほうがいい」と言うぐらいの怪我やったんですが、一方で入学式前とはいえ、大学の柔道部の一員としてすでに活動を始めていた私は、個人の都合で自由に動くことができませんでした。

たとえば、私が自分の事情で練習を休むと、同期の1年生全員が連帯責任としてペナルティーを受けることもあるのです。

私は痛む右足をひきずりながら、大学の寮へ入りました。両親には怪我のことは言いませんでした。このまま柔道でがんばって将来は学校の先生に――。そうした思いを親子で共有できて、ほっとしていたと思います。そんなときに、少しでも心配ごとを耳にいれたくはなかったのです。

私は右ひざの痛みをこらえながら、必死になって練習に参加し続けました。1年生ですからさまざまな雑用も、他の同期とともにこなしました。

しかし、4月の第2週だったと思います。社会人選手の胸を借りて大阪の道場で稽古をしているとき、右ひざの怪我をさらに悪化させてしまうのです。

このときは自力で立ち上がることができず、翌日からは歩くことさえ困難な状態になってしまいました。

「ひざが痛いんで、一ヶ月ぐらい休んでしっかり治療しようと思います」

私は大学の先輩マネジャーに言いました。

このままだと、ひざが壊れるだけではなく、練習の邪魔になってしまう。しっかりと治療してから、万全な状態で稽古に没頭したいと思ったのです。

しかし、周囲の環境はそれを許してくれませんでした。

■「お前、世間をなめとんのか」

もちろん、大学の柔道部が厳しい縦社会であるのは理解していましたが、その上下関係はしっかりとした信頼をベースに成り立つものだと思っていました。だから、私は自分の怪我の状況や今の思いをしっかりと伝えれば、上級生たちもみんな理解してくれると思っていたのです。

しかし、上級生たちは私の思いを受け止めてくれませんでした。治療で練習を休むことが許される雰囲気ではなかったのです。

右ひざをひきずりながら、これ以上、どう稽古に参加すればいいのか。

不安と不信が募り絶望的な気持ちになりました。

高校のときは、自分たちが作った柔道部でしたから、練習メニューにしても誰かから指示されることはありませんでした。自由すぎたかもしれませんが、上から理不尽なことを押し付けられることもなかったので、余計に理不尽さとやり場のない憤りを強く感じたのかもしれません。

しかし、よく考えてみると、大学の体育会で柔道をやろうとする奴らは、ほとんどが上下関係の厳しい強豪校の出身で、そうしたところは自由どころか、めちゃくちゃ厳しい先輩たちからの〝教え〟に耐えながら強くなった選手ばかりなんです。

そうしたなか、体育会の当たり前の流れに刃向かった形になった私は、いろんな嫌がらせを受けるようになります。

たいした用事もないのに呼びつけられたり、嫌みをねちねちと繰り返す先輩もいました。そして……。

ついに我慢の限界を超えた私は、ある先輩に口答えをしました。

「それって、わしに対する嫌がらせですか？」

当然、先輩は烈火のごとく怒ります。

「お前、世間をなめてんのか」

その先輩も1年生のころに理不尽な扱いをされたやろし、悔しい思いもしたでしょう。そのことはわかっていますから、個人的な感情としての好き嫌いではありません。しかし、これ以上、理不尽な対応に耐えることが当時の未熟な私にはできなかったのです。

価値観の違うところで柔道をしても、なんのためにもならへん。

そう自分を納得させると、気持ちが楽になりました。

私は柔道部の練習に行かなくなり、結果的に大学も退学することにしました。

誰にも相談せずにやめたことで、同級生や自分のことを心配してくれた先輩、先生たちには迷惑をかけたかもしれません。それは今も後悔していることです。

同じ寮にいた陸上部の2年生の先輩が、こう言ってくれたことを覚えています。

「お前の人生やから、お前が決めたらいい。俺はお前の考えが間違っているとは思わんで」

その言葉だけを前向きに受け取って、大学を去りました。

■たこ焼き屋のおっちゃんの教え

大学を退学してからしばらく、大阪にいる友人たちの部屋を転々としていました。

両親の気持ちを考えると、すぐに姫路へ帰るのがためらわれたのです。

大学進学を決めたとき、将来は体育の先生になりたいという思いが、少しは形になってきた感覚がありました。しかし、入学してわずか数ヶ月後にその道が閉ざされたわけですから、それまで自分を支えていた柱が（それを柱と意識して生活していたわけではなかったのですが）突然、なくなったような感じがしました。

やんちゃやった私が、きちんと将来を見据えた道を進んだことでほっとしていたであろう両親も、このことを知ったらきっと悲しむだろう。そう思うと、なにも言えなくなってしまったのです。

それまでは壁にぶつかっても、楽観的に考え、実際にその壁を比較的簡単に越えてきた私も、このときは落ち込みました。

これからどうやって生きていけばいいのか、早く目の前の一日が終わってほしい、そしてなんとか、他の18歳の人間と同じ明日が自分にもやってきてほしい……。

どこでどうやって時間を過ごしていたのか、記憶はあいまいですが、弱気なことばかり考えていました。

行き場を失い、それまでと違う自分になりたいと思いながら、どこにどうやって新たな一歩を踏み出していいのか、わからない。

ひょっとしたら、教師になってから出会った生徒たちとよく似た状況やったかもしれません。

いや、挫折と向き合って打ちひしがれているだけですから、私のところへやってきた奴らよりも、もっと地べたをなめていた状態やったかもしれません。当時の私は「自分を変えたい」という前向きな気持ちもなかったのです。

そんなときのことです。

阪急茨木《いばらき》市駅前に、安くてボリュームのあるメニューが楽しめる「餃子の王将」がありました。その店で飯を食っているとき、一人のちっちゃいおっちゃんが店に入ってきました。

私は一人でカウンターの席に座って隣の椅子にでっかいスポーツバッグをどんと置いてたんですが、そのおっちゃんが来たんでそのスポーツバッグを床に降ろしました。

「おおきに、すまんな」

おっちゃんのその言葉から、2人の会話は始まりました。

ひょっとしたら、自暴自棄になりそうやった私が、愚痴をおっちゃんに言うたのが、会話が深くなったきっかけやったかもしれません。

覚えているのは、たまたま店で隣に座っただけやのに、そのおっちゃんがめちゃくちゃ親身になっていろんな言葉をかけてくれたことです。

「やけを起こしたらあかん、まず、親には素直にあやまれ。きっと心配してはるから」

いったい、このおっちゃん、なんの仕事をしている人なんやろう？

そう思いながらあれこれ話を続けていると、おっちゃんは祭りの縁日なんかでたこ焼きを焼いている人なのがわかりました。

意気投合といってもいいのでしょう。

どんどんのめりこんでいって、おっちゃんの生活についていろんなことを聞きました。

「多いときは、一日で2万円近く稼げる日もあるで」

「えっ、ほんまですか？」

「ほんまや、なんやったら、手伝いに来るか？」

こっちには、時間が余るほどあります。出会ってから数日後、私はおっちゃんと一緒に大阪城公園でたこ焼きを焼いていました。

そうしたことは、大学を退学したばかりの私にとって、生きる道はどこにあるのか、その答えにつながるヒントを見つける時間やったのかもしれません。

「『悔しい』って思いがあったら、大丈夫や」

大阪城公園での人生初のアルバイトを終えたあと、おっちゃんは言ってくれました。

「社会に出たら、一緒や。何年遅れても人から頼られる人間になったらええねん。一年遅れようが、二年遅れようが、気にせんでええ」と。

いったん折れた心をつなぎなおすために必要なことを教えてくれるのは、なにも教員免許を持っている人間だけではありません。私はそのことを偶然出会ったおっちゃんに教えてもらったのです。

■新たな舞台での成長

自分がなにをしたいのか――。

姫路に帰った私は、自問を続けました。

すると、もう一度大学に行って己自身に打ち勝つ以外に、自分の進む道はないように思えてきました。

大学に入り直すことを決め、勉強しなおしました。

「何年遅れても人から頼られる人間になったらええねん」というたこ焼き屋のおっちゃんの言葉を胸に一年間の浪人生活を過ごし、千葉にある国際武道大に入学しました。

人生のリベンジをかけた舞台でも柔道を再開しましたが、選手として活動するだけでなく、私は監督から主務に任ぜられました。

主務というのは、マネジャーという肩書きに置き換えてもいいかもしれません。

この国際武道大で主務としてさまざまな経験を積んだことが、後の私の柔道指導の骨格になっていくのです。

主務というのは、監督やコーチと選手の間に立って、より活動が潤滑になるようにするのが役割です。時として主将より立場が上で責任が重いというのが、私の考えた主務の役目でした。部員たちの稽古をサポートしていただけではありません。一人ひとりの部員がどんな思いで柔道と向き合っているのか、それがどの程度、形にできているかなど、時には部員の心の奥底にまで踏み込み、柔道としっかり向き合えるように、濃密なコミュニケーションをとることも大切です。

裏方といえるかもしれませんが、裏方がしっかりして初めて表舞台でがんばる選手たちが輝けるのです。

後の章でふれますが、私は飾磨工業の柔道部の選手はもちろん、マネジャーに特別厳しい目を注いできました。それは私の経験上、マネジャーというのはチームの器を体現していると思うからです。

そのマネジャーがどんな人間で、どんな行動をとるのか。その人間としての器が、チームのすべてを物語るといっても過言ではありません。

一度、大学で挫折を体験し、私は国際武道大へ来て新たな生きがいを持ちながら柔道に打ち込んでいました。たこ焼き屋のおっちゃんの励ましをしっかり受け止め、形にできているとも思っていました。年次を重ねるにつれ、今経験していることを将来の財産にしよう。そんな思いも大きくなっていきました。

しかし、好事魔多しとはよく言ったものです。気持ちのどこかに、ゆるみと甘えがあったのかもしれません。ようやく自分にとって人生の展望が見え始めたとき、私はとり返しのつかないことをしてしまうのです。

それは自分の人生が断たれたと思うほど、大きな過失でした。

■とり返しのつかない過ち

柔道部では車の運転は禁じられていました。主務である私は、そのことを部員に徹底する立場にありました。それまで私は車のハンドルを握ることはなかったのですが、3年生になり家庭教師のアルバイトも教える生徒が2人から4人に増え、しかも遠方まで夜遅くに行くこともあり、つい魔がさして3年生の冬に友人から車を安く譲り受けました。

次第に運転にも慣れ、買い物で遠出をしたり、たまの休日には気晴らしにドライブに行ったたりしていました。

自分の甘い考えが、一生の後悔になるとは、考えもしませんでした。

5月のある休みの夜、友人と隣町まで出かけたときのことです。

急に私の目の前に人影が……。

……と、ここまで書きながら、続きを書くべきなのかどうか、今この時点でも私は迷っています。

私は現在、県立高校の教師、つまり公務員ですから、こうした過去を著書で語るのはふさわしくないのではないか。以前、この話を打ち明けたとき、先輩の教師からは「そのことはあえて世に発表しなくてもいい」とアドバイスされたこともあります。

実際、この本でもこのことにはふれずに教師になってからのことを書こうと思っていました。しかし、自らの来し方を書いているうち、このことから逃げてはいけないと思うようになりました。このことが、その後の私の人生に与えた影響は決して小さくなかったからです。

私は子どもたちに「困難なことから逃げるな」と背中を押し続けている人間です。丸裸で子どもたちとぶつかることで彼らと向き合い、教育者である矜持《きょうじ》を持ち続けてきた男です。

その思いをこのことに関する迷いに重ねてみて、自分の過去の一部分を消し、見た目だけをきれいに整えることはできません。

一冊の本を世に残すとき、やはり、私自身の過去の過ちもしっかり記述しておくのが人として、教師として、柔道に関わる身としてまっとうなことだと思ったのです。

迷いをふっきって、先に進みます。

事故を起こした瞬間、私は目の前がまっ暗になりました。

部の規律を破って車に乗ったあげく、人身事故を起こしてしまったのです。

さあ、これから就職を考えようという時期でしたが、私は今度こそ、自分の未来が閉ざされたと思いました。

■体を張って守ってくれた恩師

当時、私はまだ22歳でした。最初に行った大学で挫折を体験し、柔道人生における再起をかけて入学した国際武道大で自分と柔道の正しい距離を見つめ直し、はっきりとした手応えを感じていたのです。

そんなときの事故でした。

私は退学を覚悟しました。それ以上に、これからの人生でどんな夢や思いを持ち続けられるというのか、と自暴自棄になりかけていました。大げさではなく、自分が生きる意味を見つけることができなくなったのです。

規則を破って車を運転し、しかも、人をはねてしまったのです。あのとき運転席で感じた衝撃を思い出すと、心がつぶれそうになりました。どれだけ自分を正当化しようとしても、できるはずがありません。

わしは最低の男や。

自分自身のことをそう卑下しながら、生きていくしかない。自ら命を断つ勇気もない私はそう思っていました。

そんなとき、私を守ってくれた先生がいました。

当時、国際武道大柔道部の特別師範をされていた松本安市《まつもとやすいち》先生です。

古くからの柔道ファンならその名前をご存じだと思います。

天理大の柔道部の監督を務めて三年でチームを日本一に導き、初めて柔道が正式種目に採用された１９６４年の東京五輪では、無差別級で金メダルを獲得したオランダのヘーシンクを指導した伝説の柔道家です。

「どこの国の人であろうと、柔道が好きな人には正しい、きれいな柔道を教えたい」

それが、本家として負けが許されない日本柔道界にとって脅威となるヘーシンクを指導した松本先生の気持ちでした。

そんな松本先生の柔道家としての威厳に満ちたたたずまいに、いつも圧倒され、心の底から敬意を抱いていました。当時、70歳近くになっておられたと思いますが、身近に接しながらも、常に雲の上の存在だったといってもいいかもしれません。

そんな松本先生が、部のルールを破って事故を起こした私を守り、支えてくださったのです。

松本先生は失意のあまり一言も発せられない私に、こんな言葉をかけてくださいました。

「貴様が今までがんばってきたことは、私がよくわかっている。とにかく、深く反省し、いろんなものをしっかり見て、しばらく謹慎していなさい」

逃げてはいけない、現実を見つめながら、よく考えろ。

松本先生の言葉は、私の胸に深く刻まれました。

■墓前への報告

私に対してだけではありません。松本先生は姫路の両親とも話をしてくださり、肩を落とす私の両親にこう言ってくださったそうです。

「どげんことをしても、私が息子さんを守りますから」

このときの両親が、どんな心境で先生の言葉を受け止めたか。息子の過ちを、体を張って守ってくれる人がいることが、どれだけ、両親の心を支えてくれたのか。今でもそのことを考えると胸が詰まります。

そして松本先生はその言葉のとおり、私が前を向いて生きていける環境を作ってくださったのです。

人を教え、導く。

それまでも教師という職業を頭のなかで描くことはありましたが、過ちと向き合ったこのとき、私の目の前にはっきりとした目的意識とともに教師という職業が提示されました。被害者の方に対しても、生涯の私の生きざまをもって許していただくしかない、と思ったのです。松本先生の恩に報いるには、私が先生のような立派な教師、指導者になることだと、心に誓いました。いえ、伝説の柔道家である先生のような人間に、私がなれるはずがありません。しかし、当時の私のように挫折し、生きる目的を失いかけた人間でも、前を向くことができる。そのことを、体を張って生徒たちに伝えられる教師になりたいと思ったのです。

教師になり、そこそこ自分に自信が持てるようになったら、松本先生の前に立ちたい。三輪光のスタイルを貫き、そのスタイルが子どもたちをええ方向に導いていける自信が持てたら、先生といろんな言葉をかわしたい。

そんな思いを胸に、私は教師になったのです。

しかし、そんな場面が訪れる前に、先生は他界されました。

松本先生は、人生をいったん閉ざされた私に、新たな命を吹き込んでくれました。もし、先生がいなければ、今の三輪光はいません。

先生のお墓の前に立ったのは、明石南高校柔道部を率い、金鷲旗高校柔道大会でベスト32に入ったときです。

〈ようがんばってるな。でも、まだまだやぞ〉

そんな声が聞こえたような気がしました。

第三章

劣等感を自信に

■下駄箱の前で出会った「初めての生徒」

松本安市先生の恩に報いるため、一人でも多くの子どもたちとふれあおうと、教師の道に進んだ私は１９８９年4月、兵庫県立相生産業高校の定時制課程に赴任しました。

これまで書いてきたように、それまでの人生は決して平坦ではありませんでした。いろんな人に支えられて社会に出ることができた私は、そうした人たちへの感謝を胸に、これからはその気持ちを多くの人に、向き合うであろうたくさんの子どもたちに伝えていこうと思っていました。

わしは立派な人間でも、優れた人間でもない。それどころか、若くして人生の辛酸をいくつもなめてきた男や。しかし、だからこそ、わしやからこそ、子どもたちに伝えられるメッセージがあるはずや、と。

そんな私の教師としての第一歩は、ある一人の女子生徒との出会いから始まります。

校長先生へあいさつに伺おうと、初めて相生産業高校へ足を運んだときのことですから、正式に赴任する直前のことです。

学校はＪＲ赤穂《あこう》線の西相生駅のすぐ近くにありました。

校門をくぐり、下駄箱が並んだ玄関口に足を踏み入れると、そこに一人の女性がいました。

「校長室は、どこかな？」

そう声をかけたのですが、どこかいぶかしげな目でこちらを見ています。このときの私はラフなシャツ姿で、ヘアースタイルは角刈り、さすがにサングラスはかけてなかったはずですが、ちょっと怖い人が学校へやってきたと思ったのかもしれません。4月から赴任する新任教師であることを告げても、しばらく信じてもらえませんでした。

「本当に、先生なんですか？」

そんなことを聞いてくるのです。校長室にたどり着くのも大変やなと心のなかで苦笑しながら、しばらく言葉をかわしていると、その女性はぽつりとこう言いました。

「私、学校をやめようと思っています」

それまで私はその女性が生徒だとは思いませんでした。高校生にしてはどこか、大人びて見えたからです。定時制の学校に足を運ぶのも初めてでしたし、生徒とふれあうのもそれが初めてでした。

生徒の名前は、安積由香《あづみゆか》といいました。

どれくらいの時間やったか忘れましたが、その場でいろいろ話し込みました。正式に赴任する前とはいえ、学校をやめようとしている子を放っておくわけにはいきません。

彼女がやめたいと思った理由は、学校の環境が入学前に思っていたものとは違ったからでした。女の子やのに、男と一緒に作業着を着て溶接や旋盤の実習なんかをするのが苦痛になったというのです。

「定時制高校がこんな環境やとは思っていませんでした。私の責任です」とも、彼女は言いました。

「なんか、得意なもんはないんか？」

そう聞くと、彼女は「小さいころはバレーボールをしていました」と答えました。

「スポーツが得意なんなら、それでがんばったらいいやないか」

彼女の気持ちをなんとか学校につなぎとめようと口にした言葉は、あわてて表面をつくろっただけのもんやったような気がします。

とにかく、ここでこういう形で出会ったのもなにかの縁や、がんばって学校へ来いと、彼女にとってはなんの力にもならないことを口にしたかもしれません。

これが、私が体験した初めての子どもとの対話でした。

まだ自分自身の態度や言葉に、強い自信はありませんでした。教師としてなんのキャリアもなく、定時制高校が抱えている問題についても、具体的にはなにも知りませんでした。

■定時制高校のふんばり

すでに書いたように、兵庫県西播磨地域の中心的な存在である相生は、造船の町としてにぎわったところです。

相生産業高校も、1944年に中堅造船技術員養成の目的を持って開校した極めて専門性の高い学校でした。1960年代の前半、高度経済成長期のころ、相生の造船場には約8000人の造船技術者がいたといいます。当然、その人材養成の場だった相生産業高校には多くの生徒が集まりました。

しかし、1973年のオイルショックを機に、徐々に造船産業は衰退していきます。高校進学率の急激な上昇も、勤労青年の育成を担う定時制高校に大きな影響を与えました。1960年には50%だった高校への進学率が、1974年には90%を超えたのです。

そうなってくると、定時制高校の位置づけも変わってきます。造船技術者を育てる目的で創立した相生産業高校だけではなく、全国の定時制高校が、高校受験に失敗した生徒たちの受け皿としての役割を担うようになったのです。

そうしたなか、学校が最も頭を痛めたのは、子どもたちの心の荒廃です。

教師が最初に向き合わざるをえないのは、子どもたちが心の奥底でひきずっている社会からの疎外感や劣等感です。変遷していく社会のなかで、定時制高校に通う自分たちの価値観が揺らぎ、ともすれば自暴自棄になってしまう子どもたちもいたのです。

学校生活は荒れ、暴力が日常化しました。校内では喫煙がはびこり、中学時代の悪友を呼び込んで一緒にカツあげをする連中や、暴走族に入ったり、シンナー遊びから抜け切れない連中もいたそうです。

しかし、相生産業高校の先輩教師の方たちは、そうした現実から逃げませんでした。

「なんとか、学校を立て直したい」

その思いを共有し、さまざまな取り組みを始めました。

たとえば、「ひとことの作文」という、学校が嫌なら嫌でいいから、一行でも自分の思いを文字にして学校に提出する試みがスタートしました。最初は白紙で投げつけてくる生徒もいたそうですが、少しずつ生徒たちの思いが教師たちに伝わっていきます。

クラブ活動の時間を拡大し、バレーボールや野球、陸上など、さまざまなスポーツに取り組む機会を増やしました。モノを作る喜びを実感してもらおうと、陶芸クラブを設けたり、演劇部を立ち上げる先生たちもいました。

私が幸運だったのは、熱意のある先生たちが生徒たちのため、学校がよくなるように知恵を絞り、奔走した努力が形になりつつあったところに、新任教師として赴任したことです。

新人の私はすべてが手探りだったのですが、先輩たちからいろんなことを学び、自分のやり方で教育の現場に切り込んでいけるチャンスをもらいました。

定時制高校へやってくる子どもたちが、どんな不安や希望を抱いているのか。先輩たちからこれまでのケースを聞き取り、目の前にいる生徒たちと向き合いました。熱意を持った先輩教師たちと一緒に、長い時間をかけてこびりついた定時制のイメージを変え、子どもたちに自信と自立を促す取り組みに奔走したのです。

今振り返ると、全日制とはまったく違う課題を抱えた定時制高校に赴任したことは、私にとっては運命の導きだったような気もします。

■「お前なら、できる」

学校全体が一つになっていく過程で、新人教師の根拠のない自信と熱は、いろんな場で形になりました。

体育の授業では、こんな言葉で子どもたちを叱咤しました。

「指先まで神経を行き届かせろ。せっかく、同じこの時間、この場所におるんやったら、一生懸命やらんと意味がないやないか。集中しろ」

子どもたちに学ぶ楽しみや、授業以外の活動で夢中になれるなにかを与えてあげたいという思いから、職員会議の場でこんな発言をしたこともあります。

「通常の授業だけで、子どもたちに一つのことに打ち込むことの大切さや、達成感を持ってもらうのは難しい。授業が終わったあとの、クラブ活動がより重要だと思います」

そんなときも、先輩たちは「新人が生意気なことを言うな」とつっぱねるのではなく、真剣に耳を傾け、実際にそのことに学校として力をいれてくれました。

どれだけいろんな取り組みが軌道にのっても、学校へ来なくなる生徒がクラスに1人や2人はいます。そうした子どもたちに対しても、すべての教師が熱意を持って対応にあたりました。

新人の私はそうした熱のなかに飛び込み、教師として必要なことを少しずつ理解し、身につけていったのです。

相生産業高校が当時、それまで取り組んできた活動を一つの映像作品にまとめたことがありました。そのなかで私は《平成元年、わたしたちにとって、台風にも等しい風が吹きました。体育の柔道四段、三輪先生です》と紹介されています。

このとき、私はこの映像を制作した学校の担当者にそう言ったのでしょうが、自分の考えがナレーションでこう語られています。

《本当の思いやりや友情というのは、自立心のない人間同士では生まれない。辛いことに挑んで、一つのことを成し遂げることで、責任ある行為、自立心が生まれてくる》

駆け出し教師のころに考えていたことが、今もぶれずに自分の背中を貫いていることに驚き、誇りにも思いますが、その当時と今で違うのは、私自身がまだ、〝一つのことを成し遂げる〟成功体験に直接ふれたことがなかったことです。「てっぺん」からの風景を、見たことも、見せてあげたこともありませんでした。

これもすでに書きましたが、この学校で私が顧問を務めたのは柔道部ではなく、陸上部でした。

陸上は柔道と違い、対人競技ではありません。もちろん、競争相手はいますし、己に勝つことが求められるのは同じですが、速く走るため、遠く、高く飛ぶための練習はすべて、基本的には本人の自覚によって結果につながっていくのです。

そしてこの当時、一緒に「てっぺん」を目指したのが、教師になってから最初に出会った生徒、安積だったのです。

下駄箱の前で出会った縁もあり、私は安積に学校をやめないよう説得を続けました。そして話をしているうち、彼女が決して学校に行くのを嫌がっているわけではないこと、一人の人間として芯というのか、自分のなかに曲げられない強い意志を持っていることがわかってきました。

　そのことに気づくと、私はおざなりの言葉ではなく、心の底からわきでてきた言葉で彼女と接するようになりました。こちらの態度が変わると、彼女もまた、深く向き合ってくれるはずやと思ったのです。

「お前なら、できる」

　そんな言葉を彼女にぶつけ、背中を押しました。

　会ったばかりですし、まして教師としてのキャリアがまったくない私が、根拠を持ってその言葉をはいたわけではありません。

　しかし……と、私は当時、そして今も思うんです。

　根拠のある自信は、その根拠が崩れればもうそれで終わりです。自信は粉々に打ち砕かれてしまいます。

　しかし、根拠のない自信は、根拠がないゆえに崩れることがないのです。

「お前なら、できる」

　子どもたちに面と向かって言うとき、私の胸のなかにはっきりと存在しているのは、その子どもを〝信じる〟という思いだけです。

　根拠はなくても、その子どもを信じる。信じるからこそ、きつい指導もできるし、丸裸でぶつかることができるのです。

言い方を変えれば、私にとっては子どもたちを〝信じる〟ことこそが、強い言葉を口にできる自信の根拠なんです。

もちろん、最初からそんなことを頭で理解し、こうして文章で表現できたわけじゃありません。この相生産業高校で、子どもたちを信じることの大切さを私自身が体験し、学んでいったのです。

■最後の最後まで走り切れ

バレーボールで鍛えた基礎体力もあったのでしょうが、中距離種目を走り始めた安積はどんどん自己記録を更新していきました。

私は柔道一筋の学生時代を送ってきたので、陸上は専門性の高い指導ができない不安がありましたが、いろんな指導書に目を通し、どうすれば部員たちの記録が少しでも伸びるのか、独自の考えもふくめて試行錯誤を繰り返しました。当時、全日制で兵庫県下屈指の陸上強豪校だった姫路商業高校へ足を運び、陸上部の先生にトップレベルの練習方法を教えてもらったこともありました。このとき、陸上部の先生方にはひとかたならぬお世話になりました。

授業が終わるのは夜の9時ですから、部員たちがトレーニングするのはそれからです。限られた時間で、いかに集中して練習するか——。常に子どもたちに言い聞かせました。一分一秒を絶対に無駄にするな、と。

一度は高校をやめようと思っていた安積は、陸上で記録を伸ばしていく喜びにふれるとともに、学校生活にも興味を抱くようになりました。

もちろん、安積以外の部員たちにも、それぞれの種目に応じたメニューを作り、懸命に走らせました。

それまで夢中になるものを見つけられずにいた子どもたちにとって、自己記録の更新、そして定時制の兵庫県大会での活躍、さらには全国大会出場へと、「てっぺん」を目指す道筋がはっきりと提示されたことは大きなやりがい、高校生活の励みにつながりました。

そんな部員たちに、私は「最後まで走り抜けろ」と声をかけ続けました。

「2メートル、3メートル先に空想の人物を置け、そいつを抜くんやという気持ちで、最後の最後まで走り切れ」

陸上部の子どもたちに「強くなりたい」「速くなりたい」という意識が芽生えたことを確認すると、私はそれまで学校になかった活動に乗り出しました。全校生徒で陸上部を応援する応援団を作ったのです。がんばって走っている仲間を遠巻きに見ているのではなく、自分たちの体と声を使って応援してほしい。私の呼びかけに、子どもたちは応じてくれました。

私も20代前半でしたから、それこそ全力で子どもたちにぶつかりました。自分も子どもたちも夢中だったからこそ、子どもたちの心のなかに生まれた変化と成長を間近で確認することができたのです。

県大会は1991年6月、神戸の王子公園陸上競技場で開催されたのですが、観客席に応援団が陣取って選手に声援を送るのは私たち相生産業高校だけでした。

■丸裸でぶつかれば、思いは伝わる

「お前なら、できる」

明確な根拠がないまま、そんな言葉をかけた安積が、目の前でどんどん成長していく姿は、私にとても強い感慨を残してくれました。

定時制の県大会で、安積は女子400メートルで68秒6の大会新記録、女子800メートルも2分38秒4でともに優勝したのです。

最初に出会ったときに感じたとおり、彼女には自分を曲げない意志の強さと、こちらの言葉をしっかり聞き取れる力があったのです。400メートルや800メートルという種目は、トラック種目のなかでも、最も過酷な種目です。ぎりぎりのところまで自分を追い込まないと、県代表になって全国の舞台で走ることはできません。

8月に東京の駒沢オリンピック公園陸上競技場で開催された全国大会でも、安積は女子400メートルこそ5位入賞でしたが、800メートルでは最後まで激しい優勝争いを繰り広げ、わずか0・4秒差の2分32秒37で2位になりました。

あのとき、偶然下駄箱の前で出会った女子生徒が、あのとき、もう学校をやめると言っていた生徒が……。

安積はあの当時、一人ひとりが自分自身の夢を見つけ、それに向かって全力疾走していく相生産業高校の生徒たちにとって一つの成功モデルであり、目標やったと思います。

そして私自身も、子どもたちを信じ、思い切って子どもたちにぶつかっていけば、子どもたちは必ずこちらの思いに応えてくれる。ぼんやりと考えていた思いが、現実になることを初めて体験として学びました。

それは安積のように全国大会2位という目に見える素晴らしい結果を残してくれた子どもだけではありません。日々の練習に耐え続け、予選で敗れても全力を尽くしたことの達成感を覚えてくれた他の子どもたち、そして陸上部を必死で応援してくれた子どもたちの言葉や目の輝き、そして日々の生活態度を通じて感じることができたのです。

安積の800メートルの記録は、兵庫県記録として長く刻まれていましたが、その記録を20年余りの月日の後に、私の娘、望が塗り替えるのですから、人生というのは、どんな形でどんな人と不思議な縁で結ばれるのかわかりません。

私の記憶が定かなら、退学しようとしていた迷いを断ち、陸上で定時制の全国大会で2位に入るまでになった安積は、その体験を全国高校定時制通信制生徒生活体験発表大会で発表し、なにか名誉ある賞をもらったはずです。

下駄箱の前で出会った初めての生徒が、私の教師生活の原点であることは間違いありません。そして私が胸にはっきりと刻んだ決意がもう一つあります。それは安積がほんのわずかな差で届かなかった「てっぺん」にいつか、自分の目の前にいる子どもたちと一緒にたどり着いてみせるという思いでした。

いつか、教え子と一緒に、自分も「てっぺん」の風景を見てやるぞ、と。

10代の心の揺れ

《人を見た目で判断してはならない……そんな教えを思い出した》

読売テレビのドキュメンタリー『仰げば尊し』は、こんなナレーションから始まります。私が学校にいるときの服装は、最初の相生産業高校時代からどんどん〝チンピラ仕様〟になってきているかもしれません。

一時はパンチパーマをかけていたこともありましたから（笑）。

服装だけではなく、人の容姿は年齢とともに変わっていきます。もし、相生産業高校に赴任したときに初めて向き合った安積たちが今の私に初めて会うとしたら、まったく違う感覚で私と向き合うかもしれません。

だからこそ、教師に求められるのは年齢を重ねても変わらない教師としての柱をしっかり持ち続けることです。

教職の道についたとき、心に誓ったことがあります。

「子どもたちとできるだけ同じ思いで、同じ時間を過ごしていこう」

それが私にできる最大のことやと考えたのです。

その思いで最初の相生産業高校、全日制の明石南高校、そして現在の飾磨工業で体育教師として子どもたちに接してきました。

しかし、その思いを持ち続けていても、毎年10代の半ばで入学してくる子どもたちと、私の年齢差は確実に開いていきます。

私は今、50歳です。その私が15歳から20歳前ぐらいまでの子と接しているのですから、どうしてもこれまでの経験を積んだ自分の心境を、そのまま目の前にいる子どもたちの「今」に当てはめてしまうことがあります。

自分も経験したはずの10代のころならではの心の弱さを、時に忘れそうになることがあるのです。

そのことを最も痛感したのは、飾磨工業多部制柔道部が初の全国制覇を目指して最終調整をしていた２００８年夏のことです。

講道館での全国大会で神奈川代表に完敗し、涙とともに東京駅で「てっぺん」を目指す決意を共有してから一年近く、子どもたちは私が課した厳しい稽古に耐え続けました。

今振り返っても、ようあれだけの稽古にみんながついてきてくれたと思います。よほど、全国大会での敗戦が悔しかったのでしょう。悔しいという気持ちを持つことがどれだけ人を成長させるか、私は日々の稽古のなかで子どもたちからそのことを教えてもらっていました。

その瞬間は悔しい思いを持っても、普段通りの日常が続けば、その悔しさが消えていくのは当たり前です。しかし、飾磨工業多部制柔道部の子どもたちは、ゆるみそうになる気持ちを奮い立たせ、高い意識を常に持ちながら稽古を続けたのです。

子どもたちは県大会を圧倒的な強さで勝ち抜き、三年連続で全国大会への出場切符を得ました。再び講道館の畳の上に立つことができたのです。

しかし……。

このころの私は、どれだけ子どもたちと同じ思いを共有できていたのか。「てっぺん」をとることで頭がいっぱいになり、そこを目指して突っ走るうちに子どもたちの思いに寄り添うことを忘れていたのではないか。

そんな自省に迫られることになったのは、いよいよ前年のリベンジ、一年間追い続けてきた「てっぺん」を目指して上京する数日前でした。

■教師失格

団体戦のレギュラーやった子が、学校の近くにある大型スーパーで紳士靴を万引きしてしまったのです。

連絡を受けた私は、すぐその店に飛んでいきました。そいつは放心状態というのか、大きな体を小さくして自分の口でうまく状況を説明することができません。

「われ、なにしとんじゃ、ひきずりまわすぞ、ボケ」

つい、汚い言葉が口をついて出たことを覚えています。

私は店長に頭を下げ、事情を聞きました。靴を盗ったというのですが、そこで私は一つおかしな点に気づきました。

そいつは身長が180センチ近くあり、体重も130キロを超える巨体の持ち主でした。足のサイズは、30センチくらいはあったはずです。しかし、万引きした靴は25・5センチ。少なくとも、そいつは自分のためにその靴が欲しかったわけではありません。

柔道部員が万引きしたという連絡を受けたときは思わず血が逆流するほどの怒りに震えましたが、大きな体で放心状態のままの子どもを見て、私は自分が彼らを追い込んできたことを初めてネガティブに受け止めました。

一年間、血のにじむような稽古をしてきた。その成果をぶつける大一番を直前に控えたとき、彼らの背中にどれほどのプレッシャーがかかっていたか。

この当時の私は、指導者としてそのことを考える余裕がありませんでした。

子どもたちを信じることは大切ですが、彼らの心の揺れを敏感に察知しなければ、教師として失格です。

プレッシャーがあるのは当然、それを乗り越えんと、日本一になれるわけがない。

「てっぺん」をとることを最も優先し、そして子どもたちを信じるがゆえに、細かい気配りができていなかったのです。

あいつが自分には履けない紳士靴を思わず万引きしてしまったのは、全国大会のプレッシャーに押しつぶされそうになり、そこから避難するための発作的な行為やったんやないか。

じっくりその子と向き合い、母親たちと話し合った結果、私はそのことに気づきました。ぎりぎりまで追い込むからこそ、自立心が生まれる――と、私は思っていましたし、この本でも書きました。

問題はその信じ方であり、追い込み方です。

この年代の子どもたちは、いつ、どこで、どんなきっかけでその重圧を受け止めていた心が暴発するかわかりません。

まして、過去に非行歴のある子たちは、そこに逃げ道を作ってしまいがちなのです。彼らを正しい方向に導くはずの私自身がなぜ、そのことに気づかなかったのか。

万引きをした柔道部員より、自分自身を責める気持ちでいっぱいでした。

幸い、お店の人たちの理解と配慮のおかげで、事はそれ以上大きくなりませんでした。

指導は厳しく、処分は甘く――と書くと、いろんな反発があるかもしれませんが、私自身も大学時代、松本先生から過ちを起こした人間を立ち直らせる手段の一つを提示してもらった経験があります。処分をするよりも、子どもたちのその先をしっかりと見据えることのほうが大事だと身をもって実感しているのです。

もちろん、子どもが万引きという行為に走った責任は、私にあります。

これからはもっと近い距離で、もっと繊細に、鋭く子どもたちの様子を観察しながら接していかなければいけない。子どもたちの心のひだをしっかりと見つめられる指導者にならないといけない——。

私は教育者として新たな教訓を胸に刻みながら、リベンジと必勝を期した全国大会へ乗り込んだのです。

■講道館のトイレで流したうれし涙

講道館に再び乗り込んだ子どもたちは、もの凄《すご》い集中力を見せてくれました。一年間、この日のためにがんばってきたのですから、緊張もしたはずです。どの先輩たちも成し遂げていないわけですから、どんな戦いをすれば「てっぺん」に立てるのか、その具体的なイメージを抱くこともできません。

本番を前に、私にできたこともまた、彼らを「信じる」ことだけやったのです。

そんななか、子どもたちは前年まで連覇していた神奈川の横浜修悠館らライバルチームを次々と破り、悲願の初優勝を果たすのです。

飾磨工業多部制柔道部が栄光の歴史を歩み始めたその第一歩でした。

よっしゃ、ええぞ。

よぉーし、いける……。

子どもたちが勝ち上がるたび、私は感動で胸が高まっていきました。

周囲から敬遠され、社会から見捨てられそうになっていた彼らが私の厳しい稽古に弱音もはかずにくらいつき、一年前の悔し涙を歓喜の涙に変えようとしているのです。

初任地だった相生産業高校時代にあと一歩で届かなかった悔しさからずっと、心のどこかで追いかけていた「てっぺん」を飾磨工業の多部制柔道部で果たそうとしている瞬間でした。

そして……。

決勝でどんな形で栄光をつかんだのか、畳の上で繰り広げられたはずの風景は私の記憶のなかでぼんやりとしています。

覚えているのは、初優勝を決めた直後、人目もはばからず、一目散にトイレに走っていったことです。

なぜか。

ウルフカットにサングラスといった風貌でにらみをきかせ、あるテレビ番組では〝ヤンキー先生〟と呼ばれている身としては恥ずかしい話ですが、あふれでてくる涙を人に見られたくなかったんです。

トイレに入ると、すぐ個室に駆け込みました。

涙と嗚咽《おえつ》が止まりません。子どもたちのがんばりに、いろんなプレッシャーと向き合いながら「てっぺん」に立った子どもたちの力に感動が止まらなかったんです。それぐらい、私も丸裸で子どもたちにぶつかっていたのです。

どれくらいの時間、トイレの個室にこもっていたのか覚えていません。5分や10分という時間ではなかったと思います。子どもたちはもちろん、大会関係者の誰にもこの涙を見られたくないと思っていましたから、涙が乾くまでは外に出られなかったんです。

なんとか、涙を拭き、呼吸を何度も整えてトイレの個室から出ようとドアを開けました。と、そのとき、私は初めて異変に気づきました。男性用の小便器が一つもなかったのです。

とにかく涙を人に見られたくないことばかり考えて気が動転していた私は、あわてて女性トイレに駆け込んでいたんです。

いったん開けた個室のドアをすっと閉めました。

誰かに見られたら、女性トイレに侵入した変態教師と思われてしまいます。わしの行為があいつらの努力と汗の結晶を、血のにじむような稽古を続けたこの一年の積み重ねを汚してしまうんちゃうか。そんな想像をして、本気で青ざめました。

なんとか、人がいないのを確認し、そっと、ほんまにそっと女性トイレを出ました。

■「てっぺん」からしか見えない風景がある

おそらく、私以上に子どもたちはうれしかったはずです。

この日、かつて不良と呼ばれ、みんなから冷ややかな目で見られていた子どもたちの奮闘と、うれし涙を初めて目に焼き付けました。それまで何者でもなかった彼らが全国優勝を果たし、「てっぺん」に立った風景はどこか神々しくさえありました。

彼らにしか、「てっぺん」に立った人間にしか、見えない風景があります。

それは死ぬほど努力をして栄冠をつかんだ達成感でもありますし、少し下世話に思われるかもしれませんが、優勝して姫路に帰り、新聞の取材を受けたり、市役所や兵庫県庁を表敬訪問したりすることも、彼らにとってはかけがえのない「成功体験」になるのです。

テレビや新聞でしか見たことのない県知事や市長から祝福の言葉をいただき、大きな優勝カップを前に誇らしげに整列する子どもたちの姿を見てもう涙こそ流しませんでしたが、胸が熱くなりました。

もちろん、そこには一年前に悔しい思いをして卒業していった子どもたち、さらにその一年前、よちよち歩きやった柔道部で一生懸命汗を流した子どもたちへの思いもありました。

飾磨工業多部制柔道部の道場に汗と涙を染み込ませたすべての人間のつながりが、彼らに「てっぺん」からの風景を見せてくれたのです。

容易に手に入らないからこそ、「てっぺん」から見える風景には価値があります。

私も、初優勝を果たしたメンバーも、補欠の選手たちも、そして子どもたちの親御さんたちも、心からその「てっぺんから見える風景」を楽しみました。

努力は人を裏切らへん――。

私は子どもたちに何度も伝えた言葉を改めてかみしめたのです。

そして、夢を現実に変えてくれた子どもたちのために、しばらく柔道部の練習を休みにしました。夏休みも残りわずかでしたが、これまで一日も休まず激しい稽古を続けた彼らにとって、心地よい達成感とともに過ごす最高の夏休みになるはずでした。

しかし、それにしても……。

今、このときにも思います。どうして自分の人生はいつも、歓喜や安堵のあとで思いもよらない苦難に見舞われるのか、と。

初優勝の歓喜のあとも、どれだけ悔やんでも悔やみ切れないことが起こりました。

第四章

さまざまな壁

■歓喜のあとで

東京の講道館で開かれる全国高校定時制通信制柔道大会で「てっぺん」をとったあと、姫路へ戻る新幹線のなかで過ごす3時間余りは、私にとって至福の時であり、一方で今後のことに思いをめぐらす貴重な時間でもあります。

「あいつら、そろそろ一日ぐらい休ませてやろか……」

2013年の夏、男子六連覇、女子三連覇を達成したあと、新幹線のなかで私の脳裏をよぎったのは、そんな思いでした。

連覇を重ねれば重ねるほど、ある種の不安が頭をよぎるようになりました。これまでと同じことを続けていたら、いつか、この栄光は終わるのではないかという恐怖心に近い感覚です。

これまでと同じことを繰り返しても、勝ち続けることはできない。年々、ライバルチームの実力、大会のレベルが上がっていくなか、飾磨工業多部制柔道部がさらに進化と成長を続けるには、築き上げてきた伝統のうち、なにかを変えないといけない。

そんなことをぼんやりとですが、ここ数年ずっと考えていたのです。

変えるとしたら……。

そうした思いをめぐらせるたび、必ずある一つのことを決断するかどうかで迷うようになりました。それは一日も休まない飾磨工業の柔道部の伝統に、いったん終止符を打ってもええんやないかということです。

振り返ればあっという間ですが、利き手を教えるところから始まった弱小柔道部が、定時制の全国大会で六連覇を果たすまでには、いろんなことがありました。おそらく、県立の単独チームが、私たちと同じような稽古をして、これだけの連覇を重ねることはこれからもないんじゃないでしょうか。

この間、私が向き合った子どもたちは一日も休まずに稽古に打ち込み、飾磨工業柔道部の伝統を積み上げてくれました。女子団体も種目が始まった2011年からの三連覇ですから、男子とは違う形で歴史に名を刻んでいくでしょう。

努力は人を裏切らへん——。

毎年夏が来るたび、講道館でその言葉を実感し、心地よい疲労とともに姫路へ帰る新幹線に乗り込むことができるのは、一日も稽古を休まない伝統のおかげでもあるのです。

しかし、2013年はそれまでよりも強く、その伝統の一部に終止符を打つことを考えながら姫路に帰ったのです。

連覇を重ねるごとに、子どもたちが背負う重圧は大きくなります。その重圧から少しでも選手を解放してやるには、ゆっくり体と心を休ませる時間も少し必要ではないかと思ったのです。それは子どもたちへのいたわりや、優しさから出てきた思いではありません。

そもそも、なぜ、一日も稽古を休まないのか。

理由は一つではないのですが、根っこにあるのは「後悔」の気持ちです。いえ、「贖罪《しょくざい》」という言葉のほうが私の心情により近いかもしれません。

こういうキャラですから、メディアで私の存在を知った人たちは、私がなんの挫折も味わうことなく、自分が信じた教師道を突き進んできたように思われるかもしれません。

これまでの章で学生時代に向き合った苦難について書きましたが、教師になってからもすべてが順風満帆だったわけやありません。

今もひきずる悲しい記憶が、私に一日も稽古を休まない決意をさせたのです。

■「てっぺん」からの風景を見たあと

話はまた六年前に戻ります。

前の章でふれたように、初めての全国制覇は飾磨工業多部制柔道部に大きな歓喜と、未来への希望を与えてくれました。

それまで人から称賛されることなどなかった子どもたちが、死にものぐるいで柔道に打ち込んだ結果、最高の勲章をものにしたのです。

相生産業高校でもそうでしたが、定時制にやってくる子どもたちは、心の底に劣等感を抱いている子が少なくありません。柔道で「てっぺん」をとることで、私はその劣等感を完全に払拭し、それぞれの子どもたちに強い自信を持ってほしかった。教師として抱いたそんな思いを、彼らはしっかりと形にしてくれたのです。

夏休み明け早々に、学校は優勝報告会を開いてくれました。講堂に集まった全校生徒の前で優勝旗やメダルを披露することがどれだけ、子どもたちに達成感と、これから待ち構えている人生に立ち向かっていく勇気を与えてくれたでしょう。柔道部の連中だけでなく、他の生徒たちも柔道部の活躍に強い刺激を受け、前を向く勇気を得たと思います。

理不尽なことがいっぱいあっても、こいつらやったら、逃げずに目の前の壁をぶち破ってくれる。東京から戻ってきた表情やたたずまいを見ながら、私はそんな思いでいっぱいでした。

もちろん、子どもたちも私と同様、誇らしい気分でいっぱいやったと思います。

しかし、決して有頂天になって浮かれていたわけではありません。そのことも、私は彼らの表情や言動から感じていました。

東京駅構内の食堂で死ぬ気で練習する決意をしてから約一年間、子どもたちと私は、言葉にできないくらいの厳しさを肌で感じてきました。

　おそらく、一歩距離を置いて見ている人がいれば、狂気に近い稽古やったかもしれません。時に激しく子どもたちを罵倒する私の指導を、私や子どもたちの覚悟を知らない人ならば、教育委員会に通報していてもおかしくなかったかもしれません。

　そんな努力を続けた結果だったからこそ、凄い達成感でしたし、一方でこれからも同じくらい、いや、それ以上の努力を続けないと、その達成感を持続できないことを、子どもたちはみんなわかっていたはずです。

　簡単に手に入れられるものであれば、達成感は得られませんし、己を磨き上げることもできません。3年生は後輩たちの連覇を心から願い、後輩たちは新たな歴史を紡ぐために、自分たちがさらに厳しい稽古を続ける覚悟をしていたのです。

　これまで筆を進めてきたように、私自身は高校や大学時代に柔道で「てっぺん」を極めた人間ではありません。

　飾磨工業でさまざまな問題を抱えた子どもたちと出会い、模範解答も前例もないまま、ただがむしゃらに柔道という武道を通じて子どもたちの体と心を鍛えたのです。指導者である私も、どこまで鍛えれば「てっぺん」に立てるのか、手探りの状態やったわけです。

　歓喜に浸ったあと、子どもたちにどんな時間を与えればいいのか。そのことを考えるにも、私には経験がありませんでした。

歯を食いしばって稽古に打ち込み、最高の結果を出した子どもたちに、しばらくは「てっぺん」から見える風景を楽しんでほしい。

私はそう思いました。

そんな気持ちになったからこそ、稽古を休みにし、子どもたちに遅い夏休みをとらせたのです。そして8月31日、悲しすぎる事故が起きました。

■初の全国制覇をつかんだ仲間の死

その連絡をどこでどうやって受けたのか、記憶は定かではありません。

「マサヒロが、千種川《ちくさ》で行方不明になった」

誰がそう伝えてくれたかも、覚えていません。

かろうじて思い浮かべることができるのは、マサヒロが、中本昌宏という3年生の柔道部員が行方不明になった千種川の河川敷に駆けつけ、彼の名前を呼びながら懸命に祈り続けたことです。

マサヒロは飾磨工業多部制柔道部の次鋒として団体戦を戦い、初の全国優勝に大きく貢献してくれたばかりでした。

彼の人生にとって最高の勲章を手にいれた矢先の出来事やったのです。もちろん、誇らしかったでしょうし、稽古を重ねて「てっぺん」に立った達成感は、彼の自立心を養ったはずです。家族や友人らに接する態度にも、変化があったはずです。

その日、マサヒロは地元の友人ら6人で、千種川に泳ぎに行っていたようです。柔道で鍛え上げた屈強な体が、どんな形で水流に飲み込まれたのかはわかりません。確かなことは、大切な教え子が川の流れに飲み込まれ、姿を消したという事実だけでした。

地元の消防団や、赤穂署の署員の方たちによる懸命の捜索が続きましたが、マサヒロは一夜あけた9月1日、遺体で発見されました。

マサヒロがいつ、どんな形で発見されたのか。

そのことについても、記憶が混乱しています。

ほんの三日前、全国大会優勝を報告したのと同じ講堂で臨時集会が開かれ、当時の吉田《よしだ》耕造《こうぞう》校長が、事故を生徒たちに伝えました。報道関係の人たちも来ていましたが、私が柔道部顧問として彼らにどんな対応をしたのか、これもまた、記憶がとんでいるのです。

地元の神戸新聞に吉田校長の言葉が掲載されたことは覚えています。

「全国優勝をみんなで勝ち取り、喜んでいた姿が忘れられない。次の進路に向けて一番充実した時期だったろうに、残念です」

もちろん、私も同じ気持ちでした。

■歓喜のビデオテープを棺に

柔道で「てっぺん」をとることが、人生最大の目標ではありません。

勝負に勝つということは、己に勝つということです。その結果、心にこびりついていた劣等感をぬぐい去り、強い自信を手にいれる。一番大事なのは、そこから、子どもたちにどんな変化が生まれるかなんです。

それは私にとっても未知の世界でしたが、教育者としての楽しみの一つは、自分たちが近い距離で関わった子どもたちが、その後、どんな人間に成長していくのか。その過程をじっくり、少し距離を置いてからも見守らせてもらうことです。

限界まで追い込んで初めて全国優勝という最高の結果を残してくれた子どもたちが、その勲章を胸にどんな人生を送っていくのか。血のにじむような努力の結果、つかんだ達成感を人生の糧として、どんな人間に成長してくれるのか、楽しみで楽しみで仕方なかったのです。

いつか、成人した子どもたちとうまい飯を食い、酒をくみかわしながら、「てっぺん」をとったときの思い出を語り合うときこそ、私が思い描く教師として最高の喜びを感じるシーンでもあるはずでした。

それなのに、マサヒロは……。

棺《ひつぎ》には、初優勝したときの試合を撮影したビデオテープをいれさせてもらいました。天国で何度も何度も「てっぺん」に立った瞬間のことを思い出してほしかったのです。

9月に入って道場での稽古も始まりましたが、そこにマサヒロの姿はありません。一年前、講道館で悔し涙を流し、雪辱するためにきつい稽古に耐える覚悟をしたときの、ぼろぼろやけど、輝いていたあいつの顔がすっと脳裏に浮かびます。

あのときの悲しみの深さをこれ以上の言葉で表すことなどできませんが、少し時間が経ったあと、私の胸を占めたのは、こんな思いでした。

もし、あのとき、子どもたちを休ませず、道場で稽古をしていたら……。

3年生といっても、全国大会が最後の大会ではありません。だから、道場で稽古をしていれば、マサヒロはあの日も飾磨工業の道着を着て汗を流していたのです。

しかし、私が彼らに休みを与えたことが、あの事故の背景になってしまった。

勝ち続けるには、それまで以上の努力が必要です。そのために、一日も練習を休まない飾磨工業の柔道部の不文律が生まれたことは間違いではありません。しかし、チームを初優勝に導いてくれたマサヒロが、その直後の休み中の事故で命を落としたこともまた、私が稽古を休まない大きな理由なのです。

■マサヒロ先輩に恩返しを

飾磨工業の柔道部の道場には、大きく『如光制風』と書いた旗が貼り付けてあります。

光の如く、風を制す――。

私の大好きな言葉です。

その飾磨工業の柔道部の象徴ともいえる旗を前に、初優勝を飾った団体戦のメンバーたちが笑っている写真も、額にいれて壁に飾りました。

その中にはもちろん、マサヒロもいます。

初めて優勝した当時は、その写真の隣に次々と新しい写真を並べて飾っていけるとは、思ってもいませんでした。

全国大会優勝の栄光から一転、大切な仲間を失った我が飾磨工業多部制柔道部は、苦難のなか新しい道を歩み始めたのです。

はっきりと言い切ることはできませんが、今、こうした機会にマサヒロの死を自らの半生と重ねて振り返ると、私は彼の死に接したことで、子どもたちと同じ目線で同じ時間を同じ気持ちで共有したい、共有しなければ、自分が教師をしている意味がないという覚悟をさらに強くしたように思います。

その覚悟を持たないと、マサヒロの死を受け入れられなかったのかもしれません。

読売テレビのドキュメンタリーや、その他のメディアで語るときも、マサヒロの話はしませんでしたが、私の教師としての志を強くしてくれたのは、マサヒロであり、あのとき、目の前にいる子どもたちでした。

子どもたちも、私以上に辛かったと思います。それまで「てっぺん」を目指して一緒に汗と涙を流した仲間が、18歳という若さでこの世を去ったのです。しかも、最高の結果をつかんだ直後に……。

身近な人の死を、それまで深く考えたことなどなかった奴がほとんどやったと思います。いろんな感情が交錯し、苦しんだと思います。

マサヒロ先輩に恩返しするために、もう一度、講道館で「てっぺん」に立とう。

初めて全国優勝したメンバーは、柔道経験は浅くても、体重が100キロを超える巨漢がそろっていました。しかし、小柄な選手が中心になった新チームも、その思いを共有し、再び「てっぺん」を目指したのです。

今の子どもたちに、マサヒロの存在がどんな形で語り継がれているのか。直接確認したことはありませんが、マサヒロは必ず、後輩たちを天国から応援してくれているでしょう。

そして今、私は空を見上げて、彼にこう語りかけることがあります。

〈今まではがむしゃらに走り続けてきた。そろそろ休む勇気も必要になってきたんかなあ〉と。

■「わしの目を見て、ほんまのこと言うてみい」

全国大会初優勝を果たしたことへの反響はさまざまな方面にありました。

同僚の先生からは「どえらいことをやりましたね」と声をかけられましたし、友人からは「『3年目の正直や』って言うてたけど、ほんまにやったな」と笑顔を向けられました。

それまで面識のなかった人からも同じような声をかけられたのですが、その一方で、中学時代に荒れた生活を送った子どもたちの親御さんや関係者からの連絡が増えました。

どうにも手をつけられない不良少年の親や関係者から「なんとか面倒を見てほしい」という切実な願いが、私のもとへ届くようになったのです。

不良少年を柔道で更生させて、日本一になった――。

実情を見ることなく、そんな評判だけが広まったのかもしれません。しかし、私は柔道部の指導だけをしているわけではありません。

飾磨工業に赴任して以来、体育教師として柔道部員以外の生徒とも向き合ってきました。当然、そのなかには素行の悪さで周囲から厳しい目を向けられている子どももいました。当たり前の話ですが、問題のある子どもたちが、みんな柔道部に入るわけではありません。

そういう問題を抱えている生徒に対しては、教師たちも距離を置いてしまう傾向がありますし、あいまいな言葉しかぶつけなかったりもします。

しかし、どんな子どもでも、柔道部員でなくても、丸裸になってぶつかるのが私の主義です。そいつの言うてることが最初はわからなくても、わかるようになるまでとことん向き合うのです。

以前、学校のボス的な存在だったTという男がいました。Tは兵庫県下にある工業高校に通っていたのですが、派手な喧嘩をして退学処分になってしまいます。そのあと、飾磨工業へやってきました。

まあ、私が向き合うまではやりたい放題していたのかもしれません。あるとき、Tがオートバイをめぐってトラブルになった後輩をどついて怪我をさせたという情報が耳に入りました。

他の先生たち何人かが、Tを職員室に呼んで暴行の事実を問いつめましたが、Tは「俺はいっさい手を出していない」と言い張ります。

私は他の先生たちに頼んで、Tと2人きりになる時間をもらいました。1対1で向き合うと、私はTに額がつくほど近づき、こうすごみました。

「わしの目を見て、ほんまのこと言うてみい」

Tは一瞬、目をそらしました。その口からは、なにも言葉が出てきません。

「それが、お前の答えや」

私はそう言うと、Tを叱責しました。

「鼻くそほどの嘘を隠すために、自分がやったことから目をそらすな」

すると、Tはおそらくこの学校に来て初めて素直な心情を語りました。

「前の学校、退学になって、やりなおすためにこの学校に来たんや。もし、ここも退学になったら、もう終わってしまう」

私は「誰が退学にするって言うたんや」と、言葉を返しました。

「ちゃんと自分がしたことと真正面から向き合え。そして反省してやり直せ。そうしたら、お前を退学になんかせえへん」

その後、Tはきちんと事実を認めて反省しました。以後は非行に走ることはなく飾磨工業を卒業しました。

「三輪先生に一歩でも近づきたい」

Tはそんなセリフをはきよったこともあるんですが、それはどうも嘘ではなかったらしいのです。あとで彼の同級生たちから聞いたのですが、Tは目的を見失ったり、自暴自棄になりかけている後輩たちにこんな声をかけていたそうです。

「なんで、あんな先生がいるのに、ぶつかっていかへんのや。飾工の子はほんま幸せもんや」

そうした話が少しずつ、学校だけではなく、地域に広まっていったのでしょう。

そんな流れのなかで、あの男が私の前に現れるのです。

■「われ、誰にもの言うとんじゃい」

「地元の中学に、めちゃくちゃ悪い奴がおるんや」

そう伝えてきた知人はそのあとの言葉を飲み込みましたが、お前のところでなんとか面倒見たれへんか。そんな気持ちがどっかにあったと思います。

その後、いろいろ聞いてみると、その中学生は別の中学へ殴り込みに行くほど喧嘩っぱやい男で、外見もまゆ毛を剃《そ》り、耳には太いクギのようなピアスをしていて、そのワルぶりは地元ではかなり知られている、と。

私のもとへ相談に来た人も、そうしたことをどこかで聞きかじったそうです。その後、別の知人からも「とにかく荒れとる奴がおるから、一度、会ってみてくれへんか」と頼まれました。

〈荒れとるっていったい、どんな男やねん？〉

次第にその不良少年に対する興味がわきました。彼が住んでいるのが姫路の大津という私の地元で、その妹は私の娘と同級生でした。祭りも一緒だし、共通の知り合いが多い。いったん興味を持つと、彼に対する情報がどんどん飛び込んできました。それほど、名を知られた不良やったわけです。

男の名前は、西岡礼央《にしおかれお》といいました。

ずっと「レオ」って呼んでいるので、ここでもレオという名で続けます。

初めてレオと会ったのは、彼が中学3年の夏を過ぎたころです。初めて全国制覇し、マサヒロが亡くなってからそんなに時間は経っていなかったと思います。

「はあ？　いったい誰やねん？」

「われ、誰にもの言うとんじゃい」

最初はそんなやりとりから始まりました。

言葉だけがぶつかって、それで終わりです。しかし、逆に私の目をにらみつけてきた中学生の目に、他の奴にはないものを感じました。自分で言うのもなんですが、私のにらみに目をそらさず、乱暴な言葉をぶつけてくる中学生なんてまずいません。

どんなにワルぶっている中学生でも、私がかませば、そこでおとなしくなります。レオは私とぶつかっても、視線をそらさず、逆にすごんでくるような少年やったのです。

しかし、このときは時間が経てば、レオの気持ちも和らぐやろうと思っていました。

■「もう手遅れですよ」

子どものころから運動神経がよく、活発やったレオは小学6年のとき、水泳で全国大会の上位に入り、将来を嘱望される選手やったそうです。しかし中学に入ると伸び悩み、柔道を始めたそうですが、柔道もすぐにやめてしまいます。荒れ始めたのは、両親が離婚してからだといい、会って話を聞いた母親は「高校へ進学するどころか、このままだと、警察のお世話にならないといけない事態になると思います」と言って泣きました。

学校でも周囲から奇異な目で見られるようになった兄を持つ妹は「お兄ちゃんと一緒の中学にいたくない」と口にするほど、レオの振る舞いは荒れていました。

そのことを強く憂え、私の知り合いに相談したのは、離れて暮らす父親だったのです。

レオを教えた柔道関係者とも話をしましたが、地元ですから、話を聞いているうちに私も一度だけ、彼の稽古を見たことがあるのを思い出しました。始めたばかりですから、素人同然の白帯でしたが、体にバネがあってええセンスをしていたので、記憶の片隅にひっかかっていたのです。

ああ、あの子か……と、その姿を頭のなかに思い浮かべました。

私に対して「はあ？　誰やねん？」とすごんできた姿とまったく重なりません。

地元の先輩にあたる人は「小学生のころは、ほんまにええ子やったのに……」と話してくれました。

そんな奴がなぜ、そこまで追い詰められたのか。レオに関する情報を知れば知るほど、その心にふれてみたいという気持ちが強くなっていきました。

中学の教師たちも、彼から距離を置いているという話も聞きました。これは先生たちの責任というよりは、レオの言動がひどすぎたんやと思います。

私がレオに接触したことを知った関係者からは「三輪先生、もう手遅れですよ」という声も聞きました。

「高校なんて、絶対に行きませんよ。先生のところで柔道をやれるような子ではないですから」と。

まだ10代半ばの子どもやのに、どうして「手遅れ」になるんでしょう。

手遅れなんてことは、絶対にありません。

レオを更生できないのであれば、それは時期の問題ではなく、周囲の人間の思いと、本人の自覚に問題があるのです。

私はその後も、時間を見つけてはレオに会いに行きました。

■教師としての器

「とりあえず、うちに来て柔道やってみい」

私がそんな言葉をぶつけたのは、秋が深まってきたころだったでしょうか。

「それでもお前が柔道をやる気にならんかったら、途中でやめてもええわい。そのときはお前の言うことを聞いたる。もう一回、がんばってみようと思わんのかい」

レオはまだ、鋭い目線を向けたまま、こう言いました。

「もういいっすよ。ほんま、うっとうしい……。高校なんて行く気ないって言うたでしょ」

中学生が、私に対してそんな言葉をぶつけるのです。当時のレオがいかに周囲の大人たちとの間に厚い壁を作っていたのか、よくわかると思います。

「なんで、そこまで俺のこと構うんすか？」

このときのやりとりも、それで終わりです。

そしてレオと正面きってぶつかりあうなか、まったく予期していなかった声も聞こえてくるようになりました。

「三輪先生、あんな奴を本気で面倒見るんですか？」

「西岡が飾磨工業に行くんやったら、うちの子は行かしたくない」

そんなことを言うてくる人間がいたのです。

そんな声も、正面から受け止めました。そういうことを考えたり、口にする人たちを批難する言葉は一言も口にしませんでした。

もし、仮にレオがうちに来ることで他の部員が集まらなかったとしたら、それはレオのせいではありません。

私、三輪光という男に、それだけの魅力がなかったということなんです。

このとき、私は「それなら、それでかまへん」と覚悟を決めました。

「わしは、今、自分の目の前にいる一人の男をしっかりと育てたいだけや」と。

そこまで覚悟して、そいつにそっぽを向かれるようなら、私は「目の前にいるたった一人の男もきちんと導けない教師」になるのです。ちっちゃい器の男で終わるんです。もし、それで飾磨工業柔道部にやってくる人間が一人もいなくなっても仕方ありません。

そこまで考えた理由は、レオにもありました。

何度か会ってめちゃくちゃ乱暴な言葉をかわすなかで、あいつは「打てば響く心」を持っているると思ったのです。より正確にこの当時の感情を振り返れば、そういう心を持っている奴やと、信じたかったのかもしれません。

もし、違ったのならば、それはそれで仕方ない。自分がそれっぽっちの男やったと、挫折と敗北感を身に染みて味わうしかないと思っていたわけですから。

■ちゃんと自分自身と向き合え

レオは私から逃げ続けました。

追いかけて追いかけて、最終的に姿をくらまされたこともありました。あるとき、確か11月やったと思います。進学するんやったら、そろそろ準備にかからなあかんころです。

私をサポートしてくれている柔道部の中井《なかい》貴浩《たかひろ》コーチが、ずっとレオの行動を追ってくれていました。その中井コーチから連絡があり、レオがある友人宅にいることを教えてくれたのです。

すぐ、その家に向かいました。

中井コーチが、友人の家から本人を外に連れ出してくれました。

「もういいっすよ。ええかげん、ほっといてください」

レオは私の顔を見るなり、そう言ってすぐに背中を向けようとしました。

「おい、こら、待たんかい」

私はあえてそれまでと変わらない口調で続けました。

「お前のこと、真剣になって考えとるのに、ほっといてくれとはなんじゃ」

もし、その様子をご近所の住人が見ていれば、ヤクザが中学生を脅していると思ったかもしれません。実際、別の場面でそんな通報をされたこともありました。

「俺の人生なんやから、ほっといてください」と、レオは言いました。

「お前は、お前のお母さんや妹さんが、どんな思いで毎日を過ごしているか、考えたことがないんか？」

返答がないので、続けました。

「お前には、お前にしかわからん思いがあるんはわかる。でも、お前をここまで大きくしてくれたのは、親なんやぞ。お母さんに苦しい思いをさせたままで、ほんまにそれでええんか？」

レオはこっちの目をにらみつけながら、それでも言い返してきません。

その目に、明らかな変化があるのを見逃しませんでした。私は「もう一回だけ、わしが今、思うてること言うわ」と前置きしながら、最後のメッセージを伝えました。

「自分の人生や。逃げとっても、しゃあないやろ。ちゃんと己と向き合え。このままやったら、お前は負け犬やぞ。それでええんか？」

レオはまだ黙ったままです。

私は最後にこんな言葉をかけて、その場を後にしました。

「わしは、お前やったらできると思って言うてるんや」

翌春、私たちは新入生を迎えました。

そこには、頭を丸めた西岡礼央がいました。

第五章

絆を紡いで

■魔法の言葉

子どもたちには変わる、変われるタイミングがあります。

その時機を逃してしまうと、壁にぶちあたっている子どもは、屈折した心を抱えたまま大人になってしまう可能性があります。

変われるきっかけがあったにもかかわらず、変わることができないんです。

それは子どもたちの責任ではありません。私たち大人が、教師が、親がしっかりと子どもたちと向き合い、そのチャンスを、目を凝らして見つけてやらんとあかんのです。

前章でふれたように、西岡礼央という子は中学時代に両親の離婚をきっかけに荒れた生活を送るようになり、手のつけられない不良になりました。母親は「このままやと警察のお世話になるしかない」と悲観し、同じ中学に通う妹も「お兄ちゃんの顔を見るのが怖い。違う学校へ転校したい」と口にするほどでした。

私が初めて会ったときも、まゆ毛はないわ、耳にごっついクギみたいなもん刺しとるわ、眉間に皺《しわ》を寄せてこちらをにらみつけてくるわ、そら、中学の先生たちは手を焼いたと思います。

「もう学校へ来んでええ」と言い放った先生の心情も、教師としてはあかんと思いますが、理解できないわけではありませんでした。

「俺の人生や、あんなおっさんに関係ないやないか」

「いったい、あのおっさん、なにもんなんじゃ？」

「ええ歳したおっさんが、何回も来んなよ、うっとうしい」

　中学3年のときのレオは、私のことをそんなふうに母親に言っていたらしいです。

　しかし、しつこく追いかけ回した私とのやりとりのなにかが、あいつの心を動かしたんでしょう。あるいはどこまでも追いかけてくる私から、逃げ回るのが面倒くさくなったのかもしれません。

　前章でふれたように、私はそうしたやりとりのなかで、レオの変化を冷静に、敏感に読み取っていました。ほんの一瞬でも、それまで横を向いとった目がまっすぐ私の目をとらえた。そのささいな〝変化〟に気づくことが、いったんぐれてしまった子どもたちと接する際に、重要なことなんです。

　たとえば、ずっと私に対してつっぱった態度をとり続けていた男が、それまでお茶をいれて飲んどった紙コップを自分の手でゴミ箱に捨てた。ただそれだけのことですが、そういうところにも、私は変化を見つけるのです。

　そしてその変化に気づいたときこそが、子どもが本当に大きく変わることができる最大のチャンスです。

このとき、目の前にいる子が前を向けるような言葉をかけるのです。

「わしは、お前やったらできると思って言うてるんや」

レオの場合、この言葉がそれでした。私は最近、そうした言葉を〝魔法の言葉〟と、自分の心のなかで呼んでいます。

もちろん、その言葉をどう受け止めるかは、子どもたちの自分自身を見つめる力によるのですが……。

■信じた先に、変化がある

高校に行く気などまったくなかったはずのレオは、飾磨工業高校多部制に入学し、柔道部に入りました。

まず、うちにやってきた段階で「こいつは打てば響く心を持っている」と信じた私の判断は間違ってはいなかったのです。

レオがやってきた当時、うちの柔道部はまだ、絶対的な強さや自信、全国大会で「てっぺん」に立ち続けるために必要なノウハウを経験として身につけてはいませんでした。

私も手探りの指導を続けていましたし、初優勝の立役者であるマサヒロの水難事故死をひきずってもいました。新チームは初の全国制覇を果たしたメンバーと比べると小粒な選手ばかりで、正直いって連覇を達成できるかどうか、半信半疑でした。

どうすれば、連覇できるかなんてわからない。だからこそ、私はそれまでと同じことを彼らに言い続けました。

「寝ても、覚めても、クソしても、強くなることだけを考えろ」と。

そして道場で徹底的に鍛えました。

レオにとって、新しい仲間と同じ目標に向かってがむしゃらに稽古に打ち込める環境は、ある意味、心地よかったのかもしれません。

教育者としてはあまり言うべきことではないかもしれませんが、あそこまでグレたということは、半端やないエネルギーを持っとるということです。エネルギーの使い方を間違《まちご》うていただけで、正しい方向に向けてさえやれば、みんなから認められる世界で凄い力を発揮できるはずです。

おそらく、レオも自分が変わるきっかけ、タイミングを心のどこかで求めていたんじゃないでしょうか。

札付きのワルやった西岡礼央が飾磨工業高校多部制に入学したとき、あいつを知る多くの人が懐疑的な目で見ていたと思います。前章でふれたとおり、彼を知る関係者が「先生のところで柔道をやれるような子ではないですから」と耳打ちしてきたぐらいですから。

結論を言うと、レオは他の柔道部員たちとなんら変わることなく、柔道に打ち込んでくれました。

小学生のときに水泳で全国大会の上位に食い込んだ身体能力の高さに加え、中学1年のときに少し柔道をかじっていましたから、技の飲み込みも速い。なにより、強くなって自分が何者かになることに、強烈なモチベーションを持っているようでした。

「ダボーッ、気持ちまでひきやがって、がんがんいかんかい」

1年生のレオに、私は他の部員と同様、きつい言葉を何度もぶつけました。

レオは「はい」と正座をして私の声を聞き、最後には必ず「ありがとうございました」と礼をしてから畳の上へ戻ります。あのやんちゃやった男が、他の仲間とともに礼儀を重んじる柔道の世界にどっぷりとつかり、強くなることだけを目指したのです。

これには柔道という武道が持つ力も大きかったと思います。

柔道は、ただ目の前の相手に勝つことが目的ではなく、己をひたすら磨くことにこそ、その奥深さの根源があるのです。

他の子どもたちも同じですが、「てっぺん」をとるという目標を、毎日毎日私からすりこまれているうち、大きなゴールを頭のなかに描くことができ、そのために今なにをすべきなのか、子どもたちも自分たちにできる範囲で考えるようになるんです。

■それぞれの風景

本当の強さや、優しさは、ぼろぼろになるまで自分を追い込んで、なにかを達成したときにこそ生まれると、私は思っています。

達成といっても、最高の結果を残すことだけを意味しているわけじゃありません。自分の弱さと向き合いながら、目標に向かって日々の努力を積み重ねていく。その積み重ねを三年間続けただけでも、大きなものを子どもたちは得ているはずです。

それが、いかに難しいか。

どうしても、人間は楽なほうへ流されていきます。子どもたちに本当の強さや優しさを身につけてもらうために、私は教師としてはかなり乱暴と思われる言葉で子どもたちを叱りつけ、楽なほうへ流されがちな気持ちを、困難に真正面から向き合うように追い込んできました。

その子のエネルギーを正しい方向に向けてやるというと、とても難しいことのように思えるかもしれません。最初に赴任した相生産業では陸上、次の明石南、そして飾磨工業では柔道にそのエネルギーを傾けるように指導しましたが、じゃあ、具体的になにをしてきたかと考えると、その子を信じてきただけなんです。

その子を信じて、その子を信じる自分自身も信じる。そうしていれば、必ずその子が変われるチャンスというのが見えてくるものなんです。

そのタイミングを見極められる教師になりたい――。

私はずっとそう願いながら、子どもたちと向き合ってきました。

初の全国制覇のあとを引き継いだ子どもたちは、一度「てっぺん」をとったことで、それまで体験したことのない重圧に苦しんだと思います。

連覇を目指したチームは、団体戦のレギュラー5人のうち、2人が柔道初心者でした。初優勝のときは大会直前にレギュラー部員が万引きしたり、経験がないゆえの動揺が子どもたちの間にあったのですが、連覇を目指す子どもたちにとっては、前年の子どもたちとはまったく違う重圧と向き合い続けた一年やったと思います。

まして、みんなに「てっぺん」からの風景を見せてくれた先輩のマサヒロこと、中本昌宏が歓喜の直後に水難事故でこの世を去ったわけですから……。

とりわけ、主将を任せた田口辰璽《たぐちたつみ》は、大変な重圧と戦ってくれたと思います。

結果的に、飾磨工業多部制柔道部は全国高校定時制通信制柔道大会で連覇を果たしました。準決勝で宿敵ともいえる神奈川に粘り勝ちし、決勝でも宮城代表を破ったのです。

一度目とはまた違う「てっぺん」からの風景でした。

前年と同じように姫路市役所を表敬訪問した翌朝、地元の神戸新聞はこんな見出しで私たちのことを報じてくれました。

《飾磨工業の多部制柔道部　全国大会二連覇　亡き先輩への恩返し果たす》

記事には、誇らしげに写真におさまったレギュラー5人の思いとして『指導してくれた中本先輩のためにも絶対優勝したかった。墓前に報告したい』というコメントも添えられていました。

もちろん、初優勝のときは歴史に最初の一歩を刻んだ彼らでしか味わえない達成感があったと思います。しかし、このときのメンバーには、連覇の重圧とも戦った分、初優勝を果たしたメンバーが味わえなかった達成感があったはずです。

このまま連覇を続ければ……と、私は思いました。

毎年違う形で子どもたちに、いろんな達成感を味わってもらえる、と。

■向き合う「壁」は子どもによって違う

どこでどんな評判が広まったのか、いろんな人が私に問題を抱えている子どもの関係者を紹介してくれる機会が年々増えてきたのですが、そうして縁ができた子どもたちは、周囲から「不良」という目で見られていた子ばかりではありません。

レオの一学年上の澤田《さわだ》直明《なおあき》という子は中学時代、ほとんど学校へ行かない、いわゆる不真面目な生徒でした。いじめられたとか、学校で特別嫌な思いをしたというわけではなく、打ち込めることを見つけられないうち、すべてのことに自信を持てず、無気力な日々を送っていたそうです。

そんな息子の将来を案じたご両親が、私のもとをたずねてこられました。

体は大きかったのですが、なにせ気持ちが優しいというか、弱かった。レオとはほんまに正反対のタイプの子でした。しかし、どこかおびえているように見える小さな瞳のなかに、自分を変えたいという真摯な気持ちが込められているように思いました。

私は「この子の目を信じる」と、ご両親に言いました。

「預かったからには、立派な武道家にしてみせます」と。

私の言葉を、ご両親はすがる思いで聞いてくれていたと思います。

うちの柔道部について、かつての不良たちを、私が「あほ、ボケ、かす」と、教師らしからぬきつい言葉をはきながら、ゼロから全国の「てっぺん」まで鍛え上げるイメージを抱いている人がいらっしゃるかもしれません。

しかし、すべての部員を見ていただければわかりますが、中学時代から真面目に柔道に打ち込んできた奴もいますし、澤田のように、怠惰な日常から抜け出したいと願って柔道部にやってくる奴もいます。

自分の感情を表に出せず、ひっ込み思案なところのある澤田は、そんな気の弱さがそのまま表面的な態度や、柔道にもあらわれることがありました。

たとえば、レオはその時々の感情をむき出しにしながら、懸命にその目標に向かって自らを磨くタイプです。普段の稽古中、レオがいかに集中しているか、あるいは気持ちが乱れているか、その表情を見ればわかりやすいのです。

澤田は、違うタイプです。

自分の可能性が見つけられず、中学時代は学校にさえまともに行かなかった男は、飾磨工業に来てからは毎日学校に足を運び、道場で厳しい稽古に耐えました。先輩たちが連覇の偉業を成し遂げる姿を見て、自分も同じ夢を叶えたいと思ったはずです。

黙々と、歯を食いしばって稽古にくらいついた結果、柔道の実力は着実についていたのですが、しっかり相手に勝ち切る気持ちの強さがなかなか見えてこない。勝負を決める最後の最後に、気持ちの優しさ、弱さが出てしまうのです。

「なめとったら、ぶちのめすぞ」

「絶対に負けない。そういう気持ちで毎日やらんかい」

私は澤田にきつい言葉をぶつけました。おそらく、それまで耳にしたことのなかった言葉を、しかも教師からぶつけられてびっくりしたと思います。

まったく違う個性を持つ一人ひとりの子どもたちと、どう向き合えばいいのか。それぞれの子どもにどんな言葉と態度で背中を押してやるのがいいのか。

言うまでもなく「てっぺん」をとるというのは、共通の目標です。

その目標を達成するために、それぞれの部員はどんな役割を果たせばいいのか。

その子を成長させるために、柔道部のなかでどんな役割を背負わせればいいのか。

普段は「てっぺんを目指せ」と言いながら、いつも私は頭のなかでそのことを考えています。

そのときの私は、勝利を最優先しているわけじゃありません。

私が丸裸になって子どもたちとぶつかりあうのは、なにも柔道部の全国制覇を続けるためでは決してありません。縁があって向き合った一人ひとりの子どもたちに、柔道を通じて技を磨き、心を磨き、そして最終的には人間を磨いてほしいからです。

そのために、それぞれの子とどう接していくべきなのか、わずか三年間の高校生活の間に、どんな経験を積ませればいいのか。

これには模範解答があるわけではなく、日々苦悩しながら私自身がその答えを探し続けるしかありません。

連覇を果たしたあと、私は大きな決断をしました。

澤田を、三連覇を目指すチームの主将に指名したのです。

■背中でチームをひっぱれ

主将になることを告げられたとき、澤田は驚きというよりも、それまで味わったことのない不安に包まれたと思います。

それまでは、みんなの稽古に必死についていく感覚やったと思います。中学時代にばりばりの不良やった奴らが柔道に打ち込む姿勢は、彼にも大きな刺激を与えてくれたでしょう。しかし、無気力で目標も持てず学校にまともに行かなかった澤田が、そんな連中を言葉でまとめ、ひっぱっていくタイプの主将にはなれません。

「背中でチームをひっぱれ」

私は主将を任せた澤田に、そう言い続けました。

団体戦はレギュラー5人、補欠2人です。

当然、それ以外の子どもたちは、畳の上で戦うことはできません。しかし、三連覇の重圧を感じながら、全国制覇を目指すのはレギュラーだけではないのです。

全国の頂点に立つには、一人ひとりの力をうまく結集させなければいけません。さまざまな思いを抱える部員たちの気持ちを理解し、一つにまとめていく力が主将には求められるのです。

別に「てっぺん」を目指さなくても、毎日汗を流し、地方大会でそこそこの成績を残せば、それなりに満足して高校生活を終えることができるかもしれません。それはそれで有意義でしょうし、仲間と貴重な時間を共有することに違いはありません。

しかし、私は向き合った子どもたちに、それ以上の財産、自信というものを与えてあげたい。どんな競技でも、全国の頂点「てっぺん」を争う子どもたちは、その競技に死にものぐるいで打ち込んでいるはずです。そこから生まれる経験という財産の素晴らしさを、私は向き合った子どもたち、中学時代になんらかの悩みを抱え、自分の居場所や、生きる目標を見つけられなかった彼らに味わってほしいのです。

主将という役割は、澤田にとって重荷だったと思います。

全国大会が近づくにつれ、その重圧と向き合った澤田は自分をコントロールするのが難しくなっていきました。大会前にはよく、卒業生が稽古をつけに来てくれるのですが、社会に出てほとんど稽古をしていないOBにあっさりとおさえこまれたりしていました。

「お前、最後の最後まで、そんな感じでいくんかい？」

私は心を鬼にして澤田を叱りました。

「負けに行くんかい？」

澤田はうつむいたまま、言葉を返しません。

「勝ちに行きよるんやろが、おう？」

澤田はかろうじて「はい」と声を返しますが、はっきりと聞き取れません。

主将として三連覇の重圧に苦しむ男に、最後はこんな言葉をかけました。

「ガッと先頭きって、みんなをひっぱっていくしかないやろ。理屈もなんもないんや。背中や、お前の背中をみんなに見せんかい」

澤田は「はいっ、ありがとうございました」と礼をすると、道着の袖であふれてきた涙をぬぐいました。

私は講道館の舞台にたどり着く直前まで、でかい体を小さくしている澤田にきつい言葉をぶつけ、より追い込んだのです。

中学時代に不登校児やった男が、全国大会三連覇の期待と重圧を背負っているんです。しんどいのは、当たり前です。

突き抜けた存在になれるか、どうか。本当の自信を持つことができるのかどうか。

あいつにとっての正念場やったと思います。

■涙の三連覇達成

講道館の畳の上に立っても、澤田の心はまだふっきれていないようでした。

チームは順調に勝ち上がっていったのですが、あいつだけが消極的な柔道をしてしまいます。

「自分で勝手に舞い上がりやがって……。思いっ切り、ど根性入れてこい」

私が中井コーチにそう指示したのは、準決勝の前です。相手は最大のライバルである神奈川でした。

神奈川との試合は、予想通り厳しい試合になりました。

先鋒が一本負けし、次鋒は引き分けます。

連覇が危ういと思った場面はこれまでに何度かありますが、このときも、三連覇できるかどうかは「時の運」やと思いました。勝負は紙一重。あとは思い切ってぶつかるしかありません。

そんな場面から、子どもたちはよくふんばってくれました。

続く中堅、副将と続けて一本勝ちし、決勝進出に王手をかけたのです。

大将戦に臨む澤田が、一本負けさえしなければ、決勝に進めることになりました。勝ち切らなければ、決勝にあがれないような状況ではありません。とにかく、相手に一本を奪われなければいいのです。

澤田にしてみれば、少し気を楽にして試合に臨めたかもしれません。

実際、チームの決勝進出を最優先した主将は、自分から攻めにはいきませんでした。不用意に技をかけにいくと、相手に一本を奪われる危険性も増えるからです。

そんな柔道を消極的とみなされ、指導でポイントを奪われました。結果、澤田はポイント差で敗れたのですが、チームは決勝へ進みました。

常に攻めろと、言い聞かせてきた私としては複雑な思いもありましたが、個人の感情を殺し、チームの決勝進出に貢献した澤田としては、肩にかかった重圧からわずかでも解放されたかもしれません。

言い換えれば、強豪を相手に大将戦までにそういう状況を作ったチームメイトのがんばりが、主将の立場を楽にしてくれたのです。

決勝前、講道館の階段の渡り廊下で子どもたちを集めると、私は毎年口にしている思いを伝えました。

「今、この瞬間のために、お前らはがんばってきたんや。自分のやってきたことを信じて、支えてくださった多くの方々への感謝の気持ちを胸に、今までお前らに負けてきたチームの分までしっかりやろう」

決勝の相手は奈良代表の天理高校第二部でしたが、1人が負けたものの、副将までで三連覇を決めました。

この時点で、澤田の目には涙があふれていました。

あいつが背負った主将の重圧、三連覇の重圧はそれほど大きかったのか。改めてそのことに思いを寄せると、恥ずかしい話ですが、まだ大将戦が残っているのに、私もまた不意に涙がこぼれ落ちそうになりました。

■雄叫びの理由

三連覇を決めたあとの大将戦に、澤田が登場しました。もう重圧からは解放されているでしょうから、あとはこれまで磨いてきた柔道を大舞台で出し切るだけです。

それまで消極的な柔道ばかりしていた澤田が、攻めました。他の子どもたちも、チームをひっぱってくれた主将に懸命に声援を送ります。そうした声も力になったのか、澤田は積極的に攻め込むと、おさえこみで一本をとり、最高の形で三連覇を飾ったのです。

その瞬間です。

「よっしゃ、よし、よしっ」

講道館に、澤田の叫び声が響きました。

雄叫《おたけ》び、絶叫、いや、奇声と表現してもいいかもしれません。それまでそんな形で感情をはきだす姿を見たことがなかっただけに、他の子どもたちもびっくりしたんじゃないでしょうか。

「やった、やった〜」

仲間に囲まれると、その道着に顔を埋《うず》めて泣きました。

子どもたちそれぞれが、それぞれの思いで「てっぺん」に立った感慨をかみしめているシーンは、私にとっても宝物のような時間です。

澤田にとっては、主将として三連覇を果たしただけでなく、これまで打ち破れなかった自分自身の固い殻を初めて破った瞬間でした。自分を変えた、夢中になって柔道に打ち込み、苦しみ抜いたことで、何者でもなかった自分が大きな結果を得ることができたのです。

勝利の歓喜は、その一瞬を切り取ったものではありません。毎日毎日、私の厳しい言葉を浴びながら、時に悔し涙を流しながら稽古を続けてきた日々の積み重ねなのです。そうして得た自信は、これからの彼の人生の大きな柱になってくれるはずです。目標を見失っていた中学時代、彼はこんな気分を味わえる瞬間が来るなんて、夢にも思わなかったでしょう。

「三輪先生はわかるまで教えてくれるし、怖いけど、楽しいときは楽しい。勝ったときは、ちゃんと誉めてくれるし……。誉めてくれるから、毎日がんばれます」

読売テレビのドキュメンタリーのなかで、澤田はそう語っています。

あいつをそんなに誉めたつもりはないんですが……。

1、2年生たち、そして私にとって、三連覇を果たした喜びはしばらくすると、四連覇への重圧につながっていきます。

澤田が主将としてチームをひっぱったこの年は、2年生のレオにとって試練の年になりました。

兵庫県大会の個人戦で同じ飾磨工業の後輩に負けると、私は団体戦のメンバーからレオを外しました。このころのレオにはまだ、勝負に対する甘さがあったからです。

うちに来てからは家族が驚くほど生活態度をあらため、柔道にすべてをかけていた男が、勝負の世界で初めて挫折を味わいました。

その挫折を自分のなかでどう消化し、高校生活最後の一年につなげていくか。

柔道で味わった悔しさは、柔道でしか晴らすことができません。

レオの真価が問われることになったのです。

■天から与えられた試練

レオは、3年生になってからさらに強くなりました。

2年生のときは、個人戦の中量級で敗退したこともあり、私はレオを軽量級でエントリーさせました。

ボクシングほどは知られていませんが、柔道も階級に応じて減量をします。

減量をしながら、激しい稽古に耐えたレオは、団体戦で四連覇がかかる全国大会を順調に迎えようとしていました。

アクシデントが起きたのは、講道館へ向かう10日前でした。

畳の上で、乱取りが進んでいました。別の子どもに注意をした直後です。ふと気がつくと、レオが私の足もとで右ひざを抱え込んで倒れていました。

技をかけようとしたとき、右ひざの靭帯《じんたい》を痛めたのです。

医師の診断は「2週間以上の安静が必要」ということでした。

歓喜と失望が自分の人生には常についてまわっていると書きましたが、レオもまた、私に似た運命を背負っているのでしょうか。それにしても、三年間の集大成ともいえる全国大会を目の前にしてまさか……。

ここが、私にとっても、レオにとっても勝負でした。

「これは、お前が天から与えられた試練や」

私は痛めた右ひざを冷やしているレオに、そう声をかけました。

「せっかくええ感じで来てたけど、そんなに世の中は甘《あも》うない。これでお前の心が折れてしもうたら、お前はそこまでの人間や」

レオは「はい」とうなずきながら、私の話を聞いていました。その表情からはなんの感情も読み取れません。

「この怪我を乗り越えて……」

私は続けました。

「10日後に講道館で『てっぺん』をとったら、お前は絶対に本物になれる」

そして最後に、おそらくレオが一番気にしていたことにふれて道場を離れました。

「わしは、団体戦のレギュラーを替える気ないからな」と。

全国大会までの10日間、大げさではなく、レオは自分の心のなかにある不安や迷い、弱気と戦い続けたと思います。

柔道をやるうえで、ひざの負傷がどれだけ大きなハンディになるか。大学入学直前にひざを痛めたことが、不本意な形で大学をやめるきっかけになった私は、そのことを自身の激しい痛みとともに理解していました。痛みが精神的なバランスを崩すことも、苦い経験で熟知しています。

レオが私の知らないところで、どうやってこの苦難と向き合っていたのか。

一日二十四時間ずっと隣にいることなんてできませんから、そのことを深くは知りません。

しかし、私はレオの底力を信じました。

「おまえは絶対に本物になれる」という言葉が、レオにとって再び〝魔法の言葉〟になってくれることを私は願いました。

そして……。

大一番を前に、大きな壁に立ち向かっていたのは、レオだけではありませんでした。

■「お前は強いんやで」

四連覇を目指すチームには、中井公太《こうた》という3年生がいました。

私はずっと中井をレギュラーに考えていましたが、2年生の廣畑航輝《ひろはたこうき》という子がめきめきと力をつけてきていました。

レギュラー5人のうち、レオを含めた4人は固定していました。最後の一人を中井にするか、廣畑にするか、私はぎりぎりまで決断できませんでした。

中井は大会が近づいても、なかなか調子があがってきません。彼もまた、感情をあまり表に出さず、どちらかといえば気持ちが弱いところがあったのです。

「お前の得意なスタイルはなんやねん？」

私の言葉にも、あいまいな返事しかできません。

「未《いま》だにわからへんのか？　今まで何日、投げ込みやってきたんや？　もっと己のスタイルを徹底せえ言うとんのや、妥協すんな、やりきらんか」

勝つことだけを、連覇することだけを考えたら、この場合の監督の判断はそう難しくはありません。日頃から「てっぺん目指して死にものぐるいで稽古せえ」と、子どもたちに言い続けているんですから、その時点で一番力のある子を、チームを「てっぺん」に導いてくれる可能性の高い選手をレギュラーに選べばいいのです。

もし、勝利だけを求めるなら、このときも判断に迷う余地はなかったと思います。まして連覇を意識するのなら、2年生の廣畑に経験を積ませることには、その翌年のことを考えても大きな意味があります。

しかし……と、私は思いました。

もし、ここでレギュラーから外してしまえば、中井は劣等感を抱いたまま柔道をやめてしまうかもしれません。中井もまた、それまでの自分を変えたくてうちの柔道部にやってきて、毎日の稽古に歯を食いしばって耐えてきたんです。

このときも、私は信じました。中井が、ぎりぎりまで追い詰められながら、必ず結果を出してくれる、と。

「お前は自分で精一杯努力しましたと言うやろうけど、お前以上に努力してる奴は山のようにおる」

大会直前、まだ本来の力を出せず、稽古でも投げられてばかりいる中井に、私は声をかけました。

「お前が今まで本気で努力してきたんやったら、それは絶対、どっかでなんらかの形になってあらわれるはずや」

全国大会の初戦、廣畑ではなく、中井を起用しました。

チームは4対1で勝ち進んだのですが、中井は唯一の負け、しかも一本負けを喫してしまいました。

一人だけ勢いにのれない不安から視線を落とす中井に、私は声をかけました。

「最後にもう一回だけ、お前にチャンスをやる」

さきほども書きましたが、これは連覇を視野にいれた采配ではありません。『経験が人を育てる』というのは、私が教師として抱き続けている信念の一つです。このとき、中井にとって一番必要だったのは、全国大会で自分の力を発揮して勝つ。苦しんで苦しんで苦しんだ末に、勝利という結果を残すことやったんです。

私は2回戦でも、中井を起用しました。

「最後にもう一回だけ……」という言葉が、あいつの気持ちに火をつけたとすれば、これこそ〝魔法の言葉〟だったのかもしれません。

自分を変えられるチャンスは、あと一度だけ。そのことを腹の底で受け止めたかのような試合ぶりで、中井はようやくおさえこみで一本勝ちするのです。

貴重な一勝をあげた中井に、私は「お前は強いんやで」と声をかけました。

「強いから、選手になっとるんやろ」

「はい」

「最後まで、一生懸命がんばってよかったな」

「はい」

このとき、中井は前年の主将やった澤田と同じように、目の前の相手ではなく、己に打ち勝ったんやと思います。それまでずっと胸のうちを支配していた劣等感から解放され、しっかりとした自信を得たはずです。

■レオがくれた感動

右ひざを負傷していたレオは、怪我を感じさせない快進撃を見せてくれました。

団体戦ではチームに勢いをつける一本勝ちを続け、全国大会四連覇に大きく貢献しました。改めてハートの強い男やと感心しましたが、団体戦のあと、レオには前年県予選で敗れた個人戦が残っていました。

「講道館で『てっぺん』をとったら、お前は絶対に本物になれる」

右ひざを負傷したとき、私はそんな声をかけました。

団体戦のレギュラーとして四連覇を果たしたのですから、その時点でレオは怪我という試練を乗り越えて本物になったのです。

中学生のとき、あんなにやんちゃやったレオが、周囲から敬遠されていたレオが、飾磨工業の柔道部の一員として「てっぺん」に立ったのです。

個人戦でも、レオの勢いは止まりませんでした。

しかし、好事魔多しということでしょうか。

決勝で、奈良の天理高校第二部の選手に一瞬の隙をつかれました。何度もチャンスはあったんですが、最後は巧みな大内刈りで一本をとられてしまったのです。

中学時代に喧嘩に明け暮れ、飾磨工業に来て柔道にすべてをかけたレオでしたが、個人戦での全国制覇はなりませんでした。

それは、レオの人生にとって、将来の糧になる負けやったかもしれません。いや、これからの人生で、レオはそんな生き方をせなあかんのです。

「お前は、ほんまにようがんばった」

閉会式が始まる前、私はレオと向き合いました。

「お前が一番、精一杯やりきって、やりきって、自分の力をぜんぶ出し切ったんやから、ようがんばった」

レオは泣いていました。もちろん、個人戦で「てっぺん」をつかめなかった悔し涙やったと思います。

「お前が精一杯がんばったことは、お前が一番ようわかっているやろ。絶望の淵からようここまで這《は》い上がってきた。わしは、ええ感動を、お前からもらった。正直、ここまでお前がやってくれるとは思わんかった」

■宝物

もちろん、私はレオを信じていました。

しかし、あの怪我の状態を見たとき、講道館でレオとこうした時間を共有できるとまでは考えていませんでした。いや、中学時代のレオと初めて向き合ったとき、三年後にこんな場面を迎えられるとは……。「信じる」という言葉を何度もこの本で使っていますが、その結果、子どもたちの予想以上の成長とがんばりにいつも驚かされるのです。

「ようやった。立派なもんや。胸を張れ、堂々と胸を張れ」

レオは肩を震わせながら、小さく頭を下げました。

閉会式のあと、観客席にいた応援団が畳のあるフロアに降りてきました。そのなかにはレオの母親と妹、それに離れて暮らしている父親の姿もありました。

レオは久しぶりに顔をあわせた父親に、個人戦の準優勝の賞状を渡しました。

最初は照れくさそうに握手をかわしていましたが、賞状を見て感極まった父親は息子を抱きしめ、そのがんばりを讃《たた》えました。

母と子の絆、父と子の絆のなかに、私なんかが入り込むことはできません。

泣きながら父親と抱き合うレオを見て、初めて会った中学時代の荒れていた彼の姿を思い出したりしました。私がレオと過ごした時間は、このときのためにあったのかもしれない。レオと家族の涙を見ながら、そんなことも考えました。

読売テレビのドキュメンタリーのなかで、レオはこんなことを言っていました。

「今までは嫌なことがあったら、ぜんぶ逃げていました。一つのことに集中して、向き合うことができるようになったのは、飾磨工業での高校生活のおかげです。三輪先生という僕にとって最も大きな、人生の先輩が教えてくれたおかげなんです」

レオだけやありません。

これまで向き合ったすべての子どもたちと、一つひとつ、ちょっとやそっとのことでは崩れない、太い絆を紡いできたと思います。

全国大会連覇の栄誉よりも、そうした絆の積み重ねこそが、私の宝物なのです。

第六章

心を鍛えろ

■信じれば、子どもは変わる

最後の大会で男子団体四連覇に貢献し、個人戦では「てっぺん」こそとれなかったものの、ひざの怪我を克服して準優勝を果たした西岡礼央は、柔道に情熱を傾けることによって大きく変わりました。

六連覇を果たした2013年夏の全国高校定時制通信制柔道大会、観客席には多くのOBや保護者が応援に来てくれましたが、そのなかには社会人になったレオもいました。

読売テレビのドキュメンタリー『仰げば尊し』を見た人が、今のレオを見たらすぐには同じ人間だと思えないんじゃないでしょうか。

なんという髪型なんかわかりませんが、柔らかそうな髪の毛を伸ばして、おしゃれっぽくなっとるんですわ。まゆ毛を剃って、眉間に皺を寄せてすごんできた中学時代とは比較のしようもありません。もちろん、丸刈り頭で柔道に打ち込んでくれた飾磨工業時代のレオともまるで違います。

私や、柔道部の仲間と一緒に稽古に励んだ三年間で、西岡礼央という男は、見た目も中身も周囲から見れば〝劇的〟に変わったのです。

　中学時代に自暴自棄になっていたレオにとって、飾磨工業多部制柔道部はまさに人生を変える〝学《まな》び舎《や》〟になったと思います。中学時代は周囲からそっぽを向かれた存在やったかもしれませんが、誰かが信じてやらんとあかんかったんです。

「わしは、お前を信じとる」

　そんな言葉が、行き場を失いそうになった10代の子どもたちにとってどれだけ心強いか。まだなんの経験もなく、世間に打ちのめされ、己の小ささや甘さ、弱さと向き合ったからこそ、道から外れそうになった子はいるし、弱さを自覚しているから、ずるくなってしまうんです。

　私は一度裏切られても、その子どもを見限ることはしません。

　二度三度と裏切りが続いても、その子どもを信じます。しつこいと思われても構いません。何度でも、何度でも、私は丸裸になって言葉をぶつけます。その言葉を受け止められる感受性さえあれば、その子は必ず変わることができる。

　そう信じているからです。

　どこかで私があきらめたら、その子は大人を信じなくなり、社会との接点をどんどん断っていくでしょう。不良仲間と徒党を組み、社会から孤立するのは簡単ですが、いったん切れた絆をつなぎなおすのは難しい。とりわけ、一度でも大人たちや社会に心を閉ざしたことのある子どもが、ふとしたきっかけでもう一度社会との接点をぷつりと断ち切ってしまうケースは決して少なくないのです。

「わしは、お前を見捨てへん。まわりの誰になにを言われようと、わしだけはお前を信じたる」

私は常にそんな思いを胸に、一人ひとりの子どもたちと向き合ってきました。

レオもそうやったと思いますが、奴らに、いや、あらゆる人間にとって一番辛いことの一つは、誰にも信じてもらえへんことです。辛いというより、悲しいですし、生きる力がわいてこない。

だから、私が子どもたちを信じてやらなあかんのです。

■覚悟があるから、信じ切れる

もちろん、いろんな悩みを抱えた子どもたちがいます。

私と向き合っているときも、なぜ、怒られているのか、わからない子もいます。

そういう子には、理由を一から十まで話します。しつこく言い続けて、目の前のおっさんが時間をさいて必死に話をするのは、お前の将来のためなんやということをわかってもらうんです。口で「わかった」という子は少ないですが、心の底でそのことを理解してくれればいいんです。そこから、私との関係が始まるんですから。

柔道部以外でも、私が向き合った子どもはたくさんいます。

そのなかには少年院や鑑別所へ行って、卒業が遅れた奴もいます。どこかであと少しでも道を踏み外せば、それこそ社会の奈落に転落してしまうような危うい子どもたちともたくさん接してきました。

でも、そんな奴らでも、私は向き合った子どもたちを信じ続けてきたのです。

それが教師としてやるべき仕事の一つですし、仮にその子が信じたとおりに更生してくれなくても、心を折らずに信じ続けることが教師にとって最も大事なことやと思います。教師である自分が、自分自身のことをどこまで信じられるのか。そこにはめちゃくちゃ大きな葛藤があり、だからこそ、体も心もぼろぼろになるほどの内なるエネルギーが必要です。

そんな私自身の戦いの末に、子どもたちを信じる覚悟は生まれるのです。

春に入学してきた目もあわせへんやんちゃな子に真正面からぶつかり、心をしばきたおしてひきずりまわしているうち、必ずなにかが変わってきます。

ちゃんとあいさつができるようになるだけでも、大きな変化なのです。いったんきっかけをつかめば、子どもたちの変わるスピードは凄い。

春には反抗的やった子が、夏には別人になる。

レオだけやなく、そうして変わった子に何人も接してきました。

そうして過去を振り返ると、相生産業高校に赴任した駆け出し教師のころからずっと、同じことを繰り返してきたのかもしれません。

■三つの誇り

私には飾磨工業多部制柔道部を率いてきた人間としての自慢が、三つあります。

一つは、柔道部に入部してきた多くの子どもたちのなかで、これまで一人として退部者を出していないことです。

正直いって、めちゃくちゃ厳しい稽古です。肉体的にしんどいだけやなく、私は彼らを「言葉の暴力」ともいえるきつい言葉で極限まで追い込むわけですから、途中で音を上げて柔道部を辞める子がいても、不思議やありません。

全国大会で結果を残すようなスポーツ強豪校の練習はどんな競技でも厳しく、入学時の部員が3年生になるころには半分以下に減っているという話はよく耳にします。

うちの柔道部は、おそらくどこの学校と比較しても負けないぐらいの厳しさを貫きながら、子どもたち全員が最後まで柔道から離れずに三年間を過ごしてくれる。それは指導者にとって、勝利よりも尊い勲章かもしれません。

家出をした岡田豊樹のケースを第一章で書きましたが、逃げ出そうとした奴をとことん追いかけ回しているからかもしれませんが、それでも最後の最後、柔道をやめるという決断をする子がいれば仕方ありません。

「どんなことがあっても、逃げて解決することが世の中にあるかい。失敗しても、叱り倒されても、常に立ち向かうんじゃ」

「でけへんかっても、結果的にあかんかっても、そのことと向きおうて立ち向かっていく姿勢が大事なんじゃ、それが人の道や」

「わかったら、明日から来い。わからへんかったら、二度とわしの前に現れるな」

岡田に関しても、私がぶつけたこうした言葉を受け止めず、次の日に道場に姿を見せなければ、その時点で私との絆は途切れていたと思います。

でも、岡田は戻ってきてくれた。

これはあいつの力です。

信じてきつい言葉をぶつけた私に、あいつはあいつ自身ができる限りの力を私にぶつけ返してくれたのです。こうして子どもたちを信じ、その変化を見つめ続けてきた経験が私に自信を植え付けてきたのです。

誇りのもう一つは、レオだけやなく、卒業したOBたちが後輩の稽古をつけに学校へ足を運んでくれることです。全国制覇した先輩たちの胸を借りることで、現役の子どもたちの技術はもちろん、モチベーションもあがっていきます。そうした伝統がしっかりと根づいたことも、指導者として本当にうれしいことなんです。

そして飾磨工業多部制柔道部の卒業生たちの就職率が100%であることが、私にとって三つめの誇りです。

ドキュメンタリー『仰げば尊し』では、私が夜のネオン街をジャージ姿で闊歩している姿が映っていましたが、ただ日頃のストレスを発散したり、楽しんだりするためだけにネオン街へ足を運ぶわけではありません。

教師としての仕事からわずかでも解放されるときは、いろんな地元の企業関係者といろんな機会を通じて顔をあわせるようにしています。その企業がどんな業態と業績で、どんな人材を求めているのか。常に情報を収集し、頭のなかで整理しておくのです。

夜の街は景気に敏感ですから、地元の企業のリアルな動きも耳に入ってきます。そうしたなか、自分の教え子たちの特性にあった仕事がないかどうか、もちろん、夜の街だけではなく、あらゆるところにアンテナを張りめぐらしているのです。

そこまでやるのは、卒業後の進路まで、責任を持って子どもたちと向き合っていたいからです。

夢を叶えるために努力を積み重ねていくことの大切さ、「てっぺん」に立ったときに見た風景、胸に刻んだ自信を、社会に出てからも最大限有効に発揮してほしい。その入り口まで子どもたちを導いていきたいと思っているのです。

もちろん、企業関係者の人たちには、うちで三年間、心と体を鍛えた子どもたちを、自信を持って紹介しています。

最大の問題児やったレオは卒業後、日本を代表する一流企業に就職し、懸命に仕事に励んでいるようです。在学中にトラブルを起こした奴も、今では母親のために一軒家を建ててあげるほど立派な社会人に成長しています。

もちろん、社会に出てから学ぶこともたくさんあるでしょうが、いろんな壁にぶつかったとき、飾磨工業多部制柔道部で培った人間力を発揮してほしい。逃げずに目の前の壁にぶつかって新たな一歩を踏み出してほしい。

毎年の卒業シーズン、巣立っていく彼らのたくましい背中にそんなエールを送り続けています。

■心を鍛えた者が強い

マネジャーは「チームの器や」と書きました。

私自身、国際武道大柔道部では主務としていろんなことを勉強させていただきました。畳の上で戦うだけじゃなく、主務としてチームをさまざまな側面から見つめたことで、人間的な幅が広がったと思っています。主務というのは、チームのなかで監督、コーチの次に責任のある立場であることを実感しながら、学生時代を過ごしました。

恩師の松本安市先生が、部のルールを破って交通事故を起こした私に再起のチャンスをくれたのも、まだまだ未熟な私の「器」に、なんらかの可能性を見つけてくださっていたからやと思います。

飾磨工業多部制柔道部のマネジャーを語るとき、一人の女性の存在にふれないわけにはいきません。

土井ひかるという女性です。

テレビのバラエティ番組で「スーパーマネジャー」と評判になった彼女も、うちに来る前は自暴自棄になって明日の見えない生活を送っていました。中学時代はソフトボール部で活躍していたのですが、引退してからはバイトや遊びが生活の中心になり、いったん高校に進学したものの人間関係のもつれからいつのまにか学校に行かなくなってしまいました。女の子ですが、家族に対して暴言をはいて家出を繰り返し、精神的にも荒れた生活を送っていたそうです。

娘の将来を案じた母親が知り合いのつてをたどり、私のもとへ相談がありました。どこかの喫茶店で、初めて向き合ったと記憶しています。

最初に会ったときは、死んだ魚のような目をしていました。完全に社会というか、大人たちに対して目をそらして生きとる感じやったんです。

私が会うということは、飾磨工業に入学してくるのかどうかが、話し合いの中心になります。私の考えや教育方針を話しているうちに、彼女が高校に一年遅れて入学することを気にしていることがわかりました。

「一年なんて、たいしたことないぞ」と、私は言いました。

「社会に出たら、そんなもん一緒や。ふらふらしたまま社会に出るより、しっかりうちで心を鍛え直したほうがええ。たとえ何年遅れても、心を鍛え、人間性を高めたもんが勝つんや」

それはうちに来させるために、その場をとりつくろって言った言葉ではありません。

実際、人の道から外れそうになった奴ほど、いろんな人の気持ちがわかる優しい人間になれる。そのことをいろんな卒業生が証明してくれていますから。くすぶっているのには理由があると思いますが、どうにかしてその固い殻を破るきっかけを与えてあげて、少しでも前を向けたら……。その手助けをするのが、私の役割です。

今、こうして「一年なんてたいしたことないぞ」という言葉を自分の筆で書いてみると、最初の大学を怪我でやめてふらふらしていたときに「餃子の王将」で出会ったたこ焼き屋のおっちゃんが私を励ましてくれた言葉に似ていることに気づきます。

私自身もまた、松本先生をはじめ、多くの方々から〝魔法の言葉〟をかけていただいていたのです。

■「お前がすっぴんになれ」

レオのときと同じように、私は土井と向き合い続けました。すると、言葉をかけるたびに、横を向いとった目が、どんどん私のほうへ向いてきました。そうすると、もう少し踏み込んだ話をしても、聞いてくれるようになります。

「お前は、ほんまはなにがしたいんや？」

そんな問いかけに、しっかり内面と向き合って言葉を少しずつはきだしてくれました。彼女もまた、私が発した言葉の真意を理解することのできる感受性を持っていたのです。

「ありのままの自分をさらけだせ」

「素直な心で人を見ろ」

「人と向き合うとき、お前がすっぴんになれ」

そんな言葉を次々と、ぶつけました。自分をさらけ出させるためのきっかけとして、伸ばしとった髪を切らせたこともありました。そして、道を外していたころの人間関係をすべて断たせました。

そうした結果、飾磨工業に来てからの彼女の成長は、すさまじいものがありました。

柔道選手としても恵まれた運動神経をいかしてめきめきと強くなりましたし、マネジャーとしてもチーム全体に目を配り、それぞれの部員たちにも適切な距離で接し、時には私の意図をくみとってそれぞれの部員に的確なアドバイスをしてくれるようになりました。

言うてみれば、私の〝分身〟のような役割をしっかりこなしてくれたのです。

あるとき、卒業した土井と、記者さんの3人で昼食をとったことがありました。

「三輪先生の指導で、これは理不尽やと思ったことってありましたか？」

記者の人がそう聞くと、土井は「そりゃ、もう、理不尽なことばかりです」と笑って答えました。

「ですから、卒業した今はどんな理不尽なことがあっても耐えられます」と。

「なんやと〜、お前、なにゆうとんじゃ。卒業してえらなったな」

私はそう言いながら、土井の頭を軽くしばきます。まるで漫才コンビみたいや、と記者の人は笑っていましたが、人を信用しない「死んだ魚の目」をしとった女の子と、こうして高校を卒業してからも深いつながりを持って接することができるとは思ってもいませんでした。

土井は記者さんにこんなことを言っていたそうです。

「三輪先生は言葉はきついですが、本気で私たちに向き合ってくれている。一緒にいればいるほど、そのことがわかってくるんです。それに自信にあふれているから、生徒になめられることはないし、自信にあふれているからこそ、信じられるんです。不安な先生って目をそらしますから。そりゃあ、無茶苦茶なこともたくさんありますが、それもぜんぶ、本気やからなんです。大人が、こんなに真剣に子どもたちのことを思って行動できるのが、今も不思議に思えてなりません」

こうして書くと照れますが、確かに私は生徒のまなざしから目をそらしたことは一度もありません。そのあたりのことを土井がしっかりと理解してくれていたこともまた、うれしいことです。

「心を鍛えたもんが、最後は勝つんや」

そんな私の言葉を、土井自身は今、自らの人生で証明しようとしています。彼女は現在、大学に通って将来は教師を目指しているのです。私の存在がその夢に少しでも影響を与えているのなら、教師としてこんなにうれしいことはありません。

「生徒のいろんな悩みにしっかり言葉を返せる、カウンセラーのような役割を果たせる養護教諭になりたいんです」

記者さんにそう語っていたことを知ったとき、胸が熱くなりました。

■「史上最弱」チームの主将

２０１３年夏の全国大会に、話を戻します。

大会前、今年の飾磨工業は小粒と言われ、六連覇は厳しい——という見方があることを何度か書いてきました。

そんな風評を受け止めた私には、大きな気がかりが二つありました。

一つは、主将を任せた藤原大介の不振です。

歴代のチームを見ても、最も重圧のかかるのは主将です。他の子どもたちとは違う重圧を一人で背負うのは大変で、これまでに主将を任せた子どもたちはみんな、その重圧と向き合い、ぎりぎりのところで乗り切ってきました。

高校に入ってから30キロも体を大きくし、柔道にかける情熱を評価して主将に抜擢《ばってき》した藤原も、それまでの主将と同じように苦しみました。

飾磨工業には多部制と全日制があって、柔道部は合同で稽古をしているのですが、毎年夏前に「飾工グランプリ」というチーム内の大会を開きます。体重は無差別で、その時点での飾磨工業〝最強の男〟を決めるのです。

優勝トロフィーもありますし、毎年、私の私物を優勝者にプレゼントしています。２０１３年はクロムハーツのＴシャツを賞品にしました。

過去、この夏の飾工グランプリでは、歴代の主将が優勝してきました。

トーナメントが始まる前、私はあえてそのことを見学に来てくださっていた保護者のいる前で説明しました。

「強い奴がチームのてっぺんをとって、キャプテンを務める。そうでないと、日本一にはなれんぞ」と。

全国大会連覇の重圧に比べると、ちっちゃなことかもしれませんが、それはそれで主将の藤原にとっては負けられない重圧と向き合う戦いなのです。

そしてそのトーナメント決勝で、藤原は負けてしまいます。その後も、藤原は調子があがらず、格下の選手に負けることがありました。母親からは「三輪先生の期待を絶対に裏切るな」

と、怒られたこともあったそうです。

「お前らは史上最弱のチームじゃ」

そう叱責した私の言葉も、一番重く、深刻に受け止めたのは藤原やったと思います。

そして全国大会の約二週間前に福岡で開催された金鷲旗大会で、藤原は韓国の選手に完敗してしまいます。

「これがお前の力や、よう覚えとけ」

私は泣きじゃくる藤原にきつい言葉を浴びせました。

「六連覇なんて、夢のまた夢や」

■木鶏のごとく

全国大会のあとで知りましたが、藤原は金鷲旗でぶざまに負けた夜、悔しくて悔しくて眠れんかったそうです。そしてノートに書き留めていた私の言葉を何度も見直していたといいます。

「気持ちで絶対に引くな」

「後悔せんように、最後の最後まで精一杯やれ」

こうして活字にすれば、決して特別な言葉とは思えないかもしれません。

しかし、土俵際まで追い詰められたとき、そうしたシンプルな言葉がぐっと力を与えてくれることもあるんです。実際、藤原はそうした言葉をかみしめ、深く胸に刻んだからこそ、最弱と言われた悔しさをバネにできたんやと思います。

全国大会で、あいつが見せた柔道は圧巻でした。

闘鶏における最強の状態を木彫りの鶏にたとえて「木鶏」と言いますが、まさに全国大会での藤原は私から見ても、完全に「木鶏」になっていました。連覇の重圧をふくめ、試合に勝つ以外のあらゆる感情を押し殺し、ただ戦いに集中していたのです。

団体で全国大会六連覇を果たしたあとの個人戦でも、藤原は圧倒的な強さで重量級を制しました。そしてその成功体験が、藤原の人生を大きく変えることになります。

姫路市内の企業への就職もほぼ決まっていたのですが、なんと大相撲の田子ノ浦親方（元幕内隆の鶴）から誘いを受け、角界入りすることになったのです。

私と親方は以前から親交がありました。何度かうちの道場へ足を運んでくださっているうち、親方は藤原の「強くなりたい」というまっすぐな心に惹かれたそうなのですが、角界入りさせるのに、私が秘かに藤原に課した条件がありました。

その条件こそが、全国大会での六連覇達成と個人優勝やったのです。

主将としてチームを「てっぺん」に導き、かつ己も個人戦で全国制覇する力がなければ、厳しい角界で生き抜いていける力、あるいは勝つために必要な武運をあいつは持っていない。そう判断することにしたのです。

もちろん、藤原はそんなことは知らずに「木鶏」のごとく、講道館の畳の上で強さを発揮しました。

金鷲旗での屈辱からわずか二週間後です。この短い時間でがらっと変われるのも、子どもたちの特性なのです。

藤原の背中には、これからも飾磨工業多部制柔道部の看板が消えずに残ります。厳しい世界でしょうが、角界の「てっぺん」目指してがんばり、多くの人の胸を打つ力士に育ってほしいと願っています。

■崖っぷちに追い込む

2013年夏の全国大会を前にしたもう一つの懸念材料は、3年生のレギュラーやった森悠《もりゆう》馬《ま》に関することでした。

全国大会前、森は大変な苦境と向き合っていました。

大会の約二週間前、体調を崩して入院してしまったんです。うちの稽古を知っている人間なら、病室のベッドで過ごした分の期間をわずかな稽古で取り戻すことがいかに困難かわかります。つまり、ベストの状態で講道館の畳に立つことは期待できない状況でした。

森は柔道のセンスはいいものを持っていましたが、入学以来ずっと私に叱り飛ばされ続けたいわゆる「落ちこぼれ」部員の一人でした。両親が経営されている弁当屋を手伝いながら学校に通い、柔道に打ち込む苦労人でもあります。しかし、下級生のころは精神的に弱く、私は何度もきつく説教しましたし、一学年上のマネジャーやった土井からも背中を叩かれ続けていました。

そんな森も、3年生になってからは見違えるような態度で稽古や試合に臨むようになりました。信じれば、子どもは変わる――という思いを、私はあいつに対しても実感するようになっていました。そんな矢先、最後の大舞台を直前に控えての入院やったんです。

入院した森自身が一番精神的にきつかったはずなのですが、あいつは入院中に私の神経を逆なでするような行為をしよったんです。

今、流行《はや》りのＬＩＮＥを使って、以前から交際のあった彼女を病室に呼んどったんです。プライベートな話なので詳しくは説明できませんが、実はその彼女との関係をめぐっては一年ほど前に問題が起こり、双方の家族をまじえて「もう会わない」という約束をとりつけていたのです。

全国大会を目前に控えながら、体調を崩して入院したことだけでも強く叱責されても仕方がない状況でした。最後の最後で自己管理がしっかりできなかったわけですから。そんな状況のなかでまさか、一年前の約束を破っていたとは……。そういうところが、あいつの「甘さ」です。稽古を見る限り、すっかり消えたかに見えていた「甘さ」はまだ、あいつの心のなかに巣くったままやったんです。

マネジャーの柴原が私の思いを病室の森に伝えていたようなのですが、さすがに森も私が怒っているのを知って焦ったのでしょう。

退院した翌日、道場に行くと、入り口の前に森が両親と一緒にいました。森は土下座をして謝りましたが、私は両親の前でも厳しい言葉で森を責めました。

「お前の性根が気にいらんのや。授業に行く前に毎朝7時に学校に来て卒業式の前日まで道場のトイレ掃除をしとけ。一日でもサボったら二度と道場に顔を出すな」

■覚醒した男の涙

ちょうどこの日、私たち柔道家にとっては誰もが知る存在であるバルセロナ五輪金メダリストの古賀稔彦さんが、うちの子どもたちに稽古をつけに来てくれていました。私と森のやりとりを偶然見ていた古賀さんはお気遣いから「先生、だいぶへこんでいましたよ」と激励の言葉をかけてくれましたが、そのくらい、私はどぎつい言葉で叱りつけました。

とことんまで追い込んでやらんと、あいつは自分の心に巣くったままの「甘さ」を消すことができんと思ったのです。理屈でわからせようとしても無理なことがあり、感受性、感じる心を響かせるしか、あいつを変えることはできん。これまでの森とのやりとりを振り返りながら、私はそう確信していました。

全国大会で森を起用するかどうか、この時点ではまだ決めていませんでした。どれだけ、今までと違う姿勢で柔道と向き合えるか。その変化を短い時間で見極めてから、判断するしかなかったのです。

森にとっては、崖っぷちでの戦いでした。相撲にたとえたら、足の小指一本がかろうじて徳俵に残っている状態やったと思います。私はそんな状態を見極め、最終的にあいつの力を信じ、講道館の畳の上にあげました。

この間、森は自らの行為を恥じるとともに、自分自身の弱い心と真正面から向き合っていたと思います。どうすれば、強くなれるのか。チームの六連覇のために、自分はどうすればいいのか……。そのことをあいつなりに、とことん考えたはずです。

「負けたら、姫路に帰れない。そんな気持ちで戦います」

前夜のミーティングでそう決意を語った森は、本番で素晴らしい柔道を披露してくれました。先鋒として一本勝ちを連発し、チームに勢いをつけてくれたのです。「今年は難しいかもしれない」という声が多かった飾磨工業が六連覇を達成できた立役者の一人です。

決勝でも見事な勝ちをおさめたあと、森は仲間の戦いを見つめながら号泣していました。勝った喜びも、達成感もあったでしょう。しかし、なにより、あのときの涙が価値を持つのは、あいつ自身が変わったことを最高の形で証明できたからです。

最後の最後で、森は覚醒しました。言い方を変えれば、崖っぷちやったから、覚醒できたのです。

自分に妥協せず、全力を出し切ることがどういうことなのか、そのことが理解できただけでも、あいつは幸せな奴です。そういう体験をした人間は、社会に出てからも必ずそれを糧に生きていけるからです。

大相撲という特別な世界に飛び出していく藤原だけじゃなく、飾磨工業柔道部で汗を流した子どもたちは全員、勲章と自信を胸に素晴らしい人生を送ってくれる。

そのことをこれまで何度も実感できたからこそ、私は今日も子どもたちを信じられるのです。

■子どもと一緒に親も成長する

飾磨工業多部制柔道部で指導を始めたころは、ほんまにやんちゃな連中ばかりと向き合ってきました。しかし、全国大会で優勝してからは最初から真面目に柔道で強くなりたい奴らも入ってきましたから、以前と比べると、深夜に悪さをした連中を追いかけて走り回るようなことは少なくなりました。

保護者との関係も、少しずつ変わってきたと思います。

以前はまだ昔のクセが抜け切れてない子どもがタバコを吸っていたり、昔の連中と深夜にうろうろして悪いことをしていることがわかると、夜中の11時であろうが12時であろうが親に連絡し、子どもとともに強く注意することも少なくありませんでした。

子どもにぶつける以上にきつい言葉で親御さんを諭したこともあります。私が子どもたちと接する時間には限界があります。家庭では、それぞれの親や兄弟がしっかりとその子を見守っていてほしいのです。

もっと言えば、中学時代に道を踏み外しそうになった子どもたちの背景には、家庭の問題があることが決して少なくありません。子どもが殻を破って成長しようとしているときだからこそ、同じように家族にも成長してほしいのです。

レオの家庭については、母親とこんなやりとりをしたことがありました。

仕事をしている母親は疲れた体をひきずって毎晩、レオのために食事を作っていました。ある日、仕事から帰って食事の準備をしていると、レオが「疲れているんやから、もう、飯作らんでええから寝とけよ」と声をかけてきたそうです。

減量中だったレオは、いらいらしとったのでしょう。

息子の声を聞かずに食事を作り続ける母親に、中学時代のような乱暴な言葉をぶつけてしまったのです。

「私もしんどいけど、食事だけはちゃんと作ってあげたかったし、レオも減量で気がたっていたのはわかるんですが……」

そう言う母親に、私は「レオが母親のこと気遣うようになっただけでも、もの凄い進歩やないですか」と言葉を返しました。

母親から話を聞いたあと、稽古を始める前に私はレオを呼んでこう言いました。

「レオ、先生はお前の気持ちがようわかる。せやけど、そこでカッとなってしまうというのは、まだまだ甘い。もっともっと本物になれ」

レオはしっかりと正座をした姿勢で話を聞き、「はい、ありがとうございました」と礼をして私の前を去りました。

このあと、母子がどんなやりとりをしたかは知りません。親と子の絆に、教師がそれ以上深く踏み込んでいくことはできませんから。その関係を良好にしていくためには、親もまた、成長する必要があるのです。

■本気を感じさせる

なぜ、彼らが中学時代に荒れた生活や、目標のない日々を送ることが多かったのか。

それは好き勝手なことができたからです。好き勝手なことができないようにするためにも、しっかりとした規律のなかで、時にきつい言葉を浴びせながら、全国制覇という目標を達成するために血のにじむような努力をさせるのです。

一番大切なのは、追い込んでいるときに、こちらが視線をそらさないことです。追い込むとき、私は子どもたちの態度、心模様を凝視します。私がどこかで気持ちをゆるめてしまい、自分自身に甘くなったら、子どもたちはその時点で私という人間を見限ってしまうでしょう。

それくらい、子どもたちの心は繊細で、もろい部分もあるのです。

私の本気を感じるから、どれだけ追い込まれても子どもたちはふんばって耐えてくれるんやと思います。そして私の力では及ばないところをフォローするのは、家族しかいないのです。杉野慧斗という2年生も、中学時代に親に反抗して悪い仲間とつるんでいました。うちに来たばかりのころも、稽古を無断で休むことがありました。「明日は絶対に来いよ」と声をかけても、翌日道場に来なかったことが二度ほどあったでしょうか。

当時はまだ、心のどこかで私に、高校に、柔道にそっぽを向いていたんやと思います。それを本人の思いに任せるのは、ほんまの優しさではありません。繰り返し書いてきたことですが、目の前のことから逃げないことの尊さを教えることのほうが、なによりもその子どもの将来に対して優しい行為なんです。

いろんな反発もありましたが、入学してきて三ヶ月ほど経ったころから目の色が変わってきました。私が本気でぶつけた言葉を受け止め、自分のことを親身になって考えてくれる人がいることに気づいてくれたのかもしれません。しかし、母親以上に、杉野のことを考えてくれる人はいないのです。

そのころ、杉野は母親に「柔道着をもう一着買うてほしい」と伝えたそうです。そのことを話してくれた母親は「一つのことに集中できたことのない息子が、柔道を一生懸命してくれることがうれしくてたまらないんです」と言いました。

母親は読売テレビの記者にも、その気持ちを伝えたそうです。

ここからは母親も一緒に成長してほしい。息子がようやく厚い殻を破るきっかけをつかんだんですから、その萌芽を家庭のなかで大切に育んでいってほしいのです。

■異端の自覚

全力で走り続けてきました。

50歳になったばかりの私ですが、正直いって体はぼろぼろです。この数年間で、丸一日休んだ日は何日あったでしょうか。

子どもたちと全身全霊でぶつかるのには、肉体的にも精神的にも大きなエネルギーが必要です。それを毎日続けてきたんですから、消耗するのは当たり前です。

かつては酒も多少は飲んでいましたが、そんな生活をしているうちに体を壊し、今では一滴も受けつけないようになりました。読売テレビのドキュメンタリー『仰げば尊し』で、いかつい風貌をした私が、女の子がいるスナックでアルコールを口にせず、注文したカルピスを一気にのどに流し込んで「うまい」と口にする場面がありますが、別にカルピスが好きなわけやなく、アルコールを受けつけない体になってしまっているんです。

道着を着て子どもたちに稽古をつける時間も、以前と比べるとずいぶん減りました。

大げさではなく、もし、飾磨工業に着任したころと同じことを60歳になっても続けていたら、三日で死ぬと思います。

だからというわけじゃありませんが、ここ最近、これから先、自分にできることはなにか。そんなことを考える時間が増えました。

私のもとへはさまざまな悩みを抱えた子どもやその親御さんだけじゃなく、若い教師の人たちからも悩みというか、相談が寄せられるようになりました。

「どう子どもと向き合っていいのかわからない」

「自分の感情をどこまで子どもたちにぶつけていいんでしょうか」

そういう声に耳を傾けるうち、ぼんやりとですが、この次にやるべきことが見えてきたようにも思います。

ただがむしゃらに子どもたちと向き合ってきましたが、自分が理想とする教師像、あるいは自分がやってきたことを考えたとき、これまで私が子どもたちとぶつかりあうなかで感じ、蓄積してきたノウハウみたいなものを、若い先生たちに伝えることはできないか。そんなことを考えるようになったのです。

じゃあ、私のスタイルに対して共感する声が教育現場に多いかというと、それも違います。明らかに私と距離を置こうとする現場の先生もいらっしゃいますし、どこか周囲から敬遠され、自分が浮いていると感じることもあります。とりわけ、テレビを中心にしたメディアに取り上げられるようになったここ数年は、やっかみまじりの中傷も耳に入ってくるようになりました。

教師にも、いろんなタイプがありますし、それは当然やと思います。三輪光という教師が、明らかに異端の存在であるのは自覚しています。

これもぶっちゃけた言い方をしますが、私は子どもたちと向き合うとき、自分が県立高校の教師であることを常に意識しているわけではありません。

自分の立場や肩書きだけで、子どもたちと向き合っているわけやないからです。

今、目の前にいるこいつをどないかしたらなあかん。

肩書きではなく、その思いが私を動かしているのです。肩書きや立場ばかりを考える人間はあまり好きじゃありません。現実の社会にはそうした傾向があるでしょうから、私みたいな教師は結局、異端でしかないと思います。しかし、異端やからこそ、救える子どもたちもいると思うのです。

■「教師塾」構想

若い教師から寄せられる悩みに反映されるように、ここ最近、教師と子どもたちの関係が希薄になっているのではないでしょうか。

子どもたちの切実な悩み、訴えをどう受け止めていいかわからないから戸惑う、あるいは目をそらしてしまう教師が増えているのではないか。

そう感じているのは私だけかもしれませんが、実際、そうした教師の話を生徒や卒業生たちから耳にする機会は少なくありません。

なぜ、目をそらすのか。

それは、土井が生徒としての実感を記者の人に語ったように、教師である自分に自信がないからです。

私は自信を持って子どもたちに、厳しい言葉をぶつけます。自信を持っているから「しばくぞ、ボケ」という暴力的な言葉もはけるんです。そしてこの本で打ち明けたように、その自信にははっきりとした根拠なんかありません。あるのは、目の前の子どもを信じ切るという思いだけです。

本流でも、異端でもいいんです。子どもたちに真正面からぶつかっていく教師が一人でも増えるべきやと思います。

「僕は、三輪先生ほど力がないですから」とか「三輪先生だからこそ、うまくいったんじゃないですか」と冷めたことを言って、生徒と距離を置きたがる若い教師もいますが、それやと、目の前の子どもたちになめられるのは当たり前です。

そしてそんなことを思うとき、私の頭のなかに新しい構想が生まれてきたのです。

ずっと子どもたちを教えてきましたが、いつか、そんなに遠くない将来、若い教師の人たちを集めて、私がこれまで実践してきた子どもたちとの接し方、教育論なんかを、おこがましいですが、アドバイスする場を作れないか。言うてみたら、三輪光の「教師塾」みたいなものを開くことはできないか。そんな夢みたいなことを真面目に考えています。

この三輪光という人間が蓄積してきたことを、次の世代の教師たちに伝えたい。もしかしたら、体調に不安が出てきたことも影響しているのかもしれませんが、そんな未来図を少しずつ描き始めているのです。

■アサガオが花開くように

なぜ、あんなに悪かった子どもたちを信じ続けられるんですか？

そんな質問をぶつけられたとき、自分の考えを改めて深く見つめ直したりしますが、わかりやすい言葉でその答えを出すことはできません。

教師やから、信じてやらなあかん……という職業的な意識だけやないんです。

なぜ、という質問の答えにはなっていないでしょうが、子どもたちを信じることをやめたら、私は子どもたちを導くことなどできません。「だまされてなんぼや」と開き直る覚悟も、私の腹の底にあるのです。

子どもたちはそれぞれが、可能性を秘めています。その可能性を大人が摘んでは、絶対にいけないのです。可能性という意味では、教師にもいろんな可能性があります。しかし、さきほど書いたように生徒から目をそらしてしまう教師も少なくない。

こうして一冊の本を書いてみると、そうした現実を前に「三輪光は違う」と声高に訴えているかのように思われるかもしれませんが、ここまで書いてみて初めて私自身が気づいたことがあります。

それは、自分は本当に運に恵まれてきたということです。

私はこれまで生きてきたさまざまな場面で、賭けに近い感覚で勝負に出ることがありました。そしてそうした場合、今のところ悪いほうに出ることが少ないのです。普通だと、十のうち、八、九は悪いほうに出てしまう人が多いんじゃないでしょうか。

それなのに、私の場合はいろんな窮地をすべて乗り越えられてきたんです。

なぜか。それは、周囲の人、とりわけ、子どもたちに助けられてきたからです。

このたとえもおかしいかもしれませんが、子どもたちと過ごした時間がどんな結果をもたらすかは、サイコロを振るようなもんです。5が出るか、3が出るか、1か、それとも6か。それぞれの子どもによって、どんな目が出るのかわかりません。6が出る奴もおれば、1が出る奴もおるんです。そんなめまぐるしい対応を迫られるなか、いろんな感受性と個性を持つ子どもたちが、私の言葉をしっかりと受け止めてくれたのです。

背景には、彼らの高校時代に出会ったというタイミングもあったと思います。

もし、中学時代にめぐりあっていたら、少なくとも今まで向き合ってきた子どもたちのうち何人かは、私がぶつける言葉の意味を高校時代のように受け止めてくれなかったでしょう。

朝になったら、アサガオが自然と花を咲かせるように、子どもたちも高校生になったら自然と成長していきます。

たまたま彼らが変わるタイミングに、目の前にいたのが三輪光という男やったということかもしれません。

そう考えると、私がやってきたことは変わるきっかけと場所を与えてあげて、あとはタイミングを見てそっと背中を押してやることだけやったかもしれません。そうすれば、前へ行ける奴はちゃんと前へ行けるんですから。

今まで前へ行ってくれる子どもばっかりやったのは、ほんまに私がいい子どもたちに恵まれたということでしょう。

教師人生最大の失敗は、これから待ち受けているんやないか……。

そんな不安に襲われるほど、今までの私は子どもたちに恵まれてきたのです。

■新しい教育の形

教師塾の構想にふれましたが、これからの教師人生について考えていることを最後に書いておきたいと思います。

60歳になって同じことをやっていたら、三日で死ぬ――とも書きましたが、今のスタイルを変えずに教師を続ける限界は、55歳ぐらいまでかな、と考えています。

教師塾もそうなんですが、かっちりと定まった未来図はありません。だから、ここから書くことは、ほんまの夢物語になるかもしれません。そのことを踏まえ、あと少しだけ筆を動かしたいと思います。

もし、教師を続けていくならば、退職前に自分が通っていた網干高で柔道を教えたいという気持ちはあります。教師生活の最後に、自分が作った柔道部の後輩たちを指導するのも、なかなか味わえない感慨に包まれるのかな、と。

もし、教師という職業を離れたとしたら……。

そうなっても、子どもたちと接していたいと思います。教師塾の変型みたいなものになるかもしれませんが、学校ではない舞台で子どもたちと一緒に、いろんなことを考えていく場を作れないか。そんな思いが頭をよぎることもあります。

その場合、私は元教師という枠をとっぱらって参加するのです。

子どもたちも、中学生がいても、高校生がいても構いません。肩書きや性別、年齢に関係なく、その一人ひとりと向き合って、いろんな話をしたいんです。

なにかテーマを出して「これについて、お前はどう思うねん？」と意見をしっかり聞き取ってから、これまでの経験から私の考えをぶつける。いろんなもののとらえ方があること、そのとらえ方のヒントみたいなものを教えたい。

一人の人間として、子どもたちや、その親御さん、そして他にも教師経験のある人なんかを集めて、学校とは違う形の私塾みたいなものを作って、それをいろんな地域に浸透させていくことはできないだろうか。これもまた、私が描いている夢の一つです。

大げさに言えば、日本に新しい教育の形を作るということでしょうか。

もし、こんな夢が実現に向かうとしたら、そのときも背中を押してくれるのはこれまで私と向き合ってくれた子どもたちやと思います。

終章　最後まで、攻めろ　2014年夏

また、この日がやってきました。

2014年8月10日、飾磨工業高校多部制柔道部の子どもたちは、男子団体七連覇をかけて、東京の講道館にいました。第45回全国高等学校定時制通信制柔道大会が、今年も全国の代表チームを集めて開かれたのです。この日は台風11号の影響で、東京の空は荒れていましたが、一年に一度、講道館を包み込む熱気はいつもと変わりません。

この本は一年前、同じ講道館の畳の上で、気を失うまで戦い続けた岡田豊樹の話から書き始めました。やることがどこか中途半端で「でけそこない」と呼ばれていた男が、仲間のため、自分自身のために、気を失うまでタップをしなかった。その精神力は間違いなく、六連覇の大きな力になりました。

それから一年。たった一年ですが、彼なりに失敗も重ねながら一つひとつ前向きにがんばり、毎日毎日厳しい稽古を積み重ねた結果、3年生になった岡田は、七連覇がかかるチームの大将

として講道館に帰ってきたのです。

もし、一年前の大会を見た人がこの日の岡田の姿を見れば、まるで別の選手が飾磨工業の道着を着て、大将を任されていると思ったかもしれません。

初戦となった石川、準々決勝の強豪・奈良、そして福島との準決勝で岡田が見せた柔道は見事でした。畳の上に立つ、そのたたずまいが自信にあふれ、気持ちだけが前に出ていた一年前とはまったく、存在感が違いました。

実を言うと、大会前、岡田は頸ついと右ひじを痛めていました。

大将として岡田を使うか、どうか。直前まで迷いました。しかし、あいつが一年前の悔しさを晴らし、成長したことを証明できるのは、講道館の舞台しかありません。

「準決勝までは、お前でいく」

そう伝えて、岡田を送り出しました。

連覇を重ねるごとに感じていることですが、他県の代表チームも、年々レベルアップしています。とりわけ、今年は苦戦が続きました。奈良はもともと強豪ですし、準決勝でぶつかった福島も、本当に素晴らしいチームでした。

中堅を任せた2年生の泉恭平《いずみきょうへい》が敗れ、副将を務めた今年のチームの主将、安部直人《あべなおと》が最初に有効のポイントを奪われたときは一瞬、準決勝敗退という結果が脳裏をよぎりました。

しかし、ここから、日々積み重ねてきたことが、成果として形になるのです。

主将の意地があったのでしょう。この局面で底力を発揮した安部が見事な逆転勝ちで決勝進出を決めると、右ひじに力の入らない状態の岡田が、開始直後から相手に攻め込まれポイントをとられましたが、残り20秒で相手の隙をとらえ、袖つりこみで逆転の一本勝ちをかざってくれました。

試合後、痛む右ひじを左手でおさえながら、岡田は1年生の冨倉君哉《とみくらきみや》のもとに駆け寄りました。そして「優勝してくれよ」と、声をかけました。

私は一つの賭けとして、決勝戦の大将に、1年生の冨倉を起用することを決めていました。そのことを、岡田と冨倉本人に伝えていました。岡田は自分が決勝の舞台に立てないことを悔しがるのではなく、1年生に七連覇への思いを託したのです。

今年の大会では、積極的に下級生をレギュラーで使いました。

チームの命運を握るといってもいい先鋒に抜擢したのも、1年生の尾崎《おざき》将登《まさと》です。尾崎は私学の名門校で柔道をしていましたが、問題を起こし、退学した男です。飾磨工業多部制で、人生の再スタートをきったばかりの男です。

一年前の森悠馬がそうだったように、尾崎も気迫を前面に出した柔道で、チームに勢いをつけてくれました。

五連覇のチームで大将を務めた廣畑航輝の弟、海瑠《かいる》も1年生ですが、次鋒に起用しました。決勝で神奈川の選手に気迫と技術で圧倒され敗北しましたが、これは相手が強かった。来年以降のいい経験になったと思います。

そして最大のライバルといってもいい神奈川との決勝戦のポイントの一つは、準決勝で敗れた中堅の泉恭平を、そのまま決勝でも起用したことです。

2年生の泉を、敗北に直面させたまま最終学年を迎えさせたくありませんでした。来年の主将候補でもある男に、もう一度チャンスを与えたかったのです。

「てっぺんをとれ」と言い続けてきたことと、矛盾しているように受け止められるかもしれませんが、私はなにがなんでも勝ちたいという、勝利至上主義にとらわれているわけではありません。

目の前の子にとって、今だけではなく、将来の糧になるような経験を講道館で積ませてあげたい。そのことを、常に考えているのです。当たり前のことですが、私は教育者として彼らと向き合っているのですから。

準決勝の敗北を、すぐに忘れられるはずがありません。決勝に臨んだ泉には、相当なプレッシャーがあったはずです。まして次鋒の廣畑が敗れていますから、ここで泉が負けてしまえば、多くの先輩たちが引き継いできた連覇の道に黄信号がともってしまいます。

しかし、そんな局面で泉はふんばりました。見事に勝利をおさめ、準決勝の悔しさを晴らすとともに、七連覇に王手をかけたのです。私は福島との厳しい準決勝を勝ち上がった勢いのなかで、泉に勝つ経験をしてほしかったのですが、彼はその期待に見事に応えてくれました。試合後は軽い脱水症状に陥っていましたが……。

こうした下級生たちの活躍に、安部は主将としての責任も感じたでしょう。おさえこみで一本をとって七連覇を決めると、右手でガッツポーズを作って喜びました。

そして最後の大将戦に、1年生の冨倉が挑みました。

考えれば、不思議なもんです。一年前は中学生やった男が、今、飾磨工業多部制柔道部の一員として講道館の畳の上で戦っているのですから。冨倉は、決して裕福な家の子どもではありません。他の選手が新幹線で上京するなか、彼だけは、夜行バスで長い時間をかけて移動してきました。そんな男が上級生たちの思いを背負いながら、大将戦を戦ったのです。

七連覇を達成した感激が胸にこみあげてきましたが、それでも、目の前で必死に戦う一年生に、こう声をかけ続けました。それは、私が彼らの魂にずっと、すりこませてきた言葉です。

「最後まで、とりにいけ、最後まで、攻めろ！」

それぞれの思いを抱えた子どもたちの精一杯のがんばりで、飾磨工業多部制柔道部は七連覇の歓喜に酔うことができました。

「お前たちが負けたときが、わしが監督を辞めるときや」

大会前、私は子どもたちにそう伝えました。

これはずっと心のなかで決めていたことでした。飾磨工業柔道部の全国連覇が途絶えたとき、監督・三輪光の仕事にもいったんピリオドを打とう。

本気でそう考えています。

その気持ちは、子どもたちにも伝わったと思います。ひょっとしたら、連覇のプレッシャーよりも大きなものを背負わせたかもしれませんが、それでも、子どもたちはやってくれました。子どもたちが日々成長し、日々強くなっていく。その姿を近くで見られることは、教育者として最高の幸せです。

七連覇の夢を果たした子どもたちが笑顔と涙で抱き合っている姿を見たとき、私の頭のなかはまっしろでした。講道館の畳の上に立っていましたが、まるで人の足をかりて立っているような感じでした。

体からじゃなく、魂から汗と涙がふきだしている感じなんです。こんなことを七度も経験できるなんて、最高の幸せもんやと思います。

「何度もそっぽを向かれそうになった勝利の女神を無理矢理、ほほえませた感じです」

インタビューを受けた記者の人に、私は苦しかった戦いぶりをそんな言葉で伝えました。

無理矢理という表現は、少し乱暴やったかもしれませんが、力ずくで運をつかみとるぐらいの強い気持ちを、子どもたちは一年という時間をかけて作り上げたのです。

また一年後、八連覇がかかった講道館で、子どもたちはどんな成長した姿を見せてくれるのでしょう。

それを楽しみに、一日一日を大切に、なによりも自分に厳しく、これからも子どもたちとともに歩んでいきたいと思います。

言葉にあらわせないほどの感動と、心地よい疲労感、そしてこれからも背中にのしかかるさまざまな重圧を受け止めながら、こうしてこの本を締めくくれることに、言葉にできない達成感を覚えています。

厳しい稽古に耐えてきてくれた子どもたちや、保護者のみなさん、支えてくれた私の家族や、学校関係者、読売テレビや幻冬舎のスタッフのみなさん、これまで三輪光に関わってくださったすべての人に感謝します。

あとがきにかえて——読売テレビ　小俵靖之

三輪先生と飾磨工業多部制柔道部を取り上げたドキュメンタリー『仰げば尊し』は、2012年日本民間放送連盟賞のテレビ教養番組部門で最優秀賞を受賞しました。

読売テレビにとっては実に二十九年ぶり二度目。大変名誉ある賞をいただけたのですが、取材を始めたころは、このような結果は夢にも思わず、ただただ三輪先生の迫力に圧倒されていました。

三輪先生に初めてお目にかかったとき、トレードマークの前髪を鋭くとがらせ、筋骨隆々の体に桜吹雪のTシャツを着て登場されました。また、あるときは、赤いベストの襟口に巻きついたイタチ（？）の顔が、こちらをにらんでいました。

そして、日本一「人情味がある」とも、日本一「汚い」とも評される播州弁——。えらいところに足をつっこんでしまったと若干の後悔もあったのですが、取材を進めるにつれ、三輪先生の言葉には〝翻訳〟が必要なことがわかってきました。

生徒に対して——

「われ、ぼけっとしとったら、いてもうたるど」

（君、ぼーっとしていないで、もっとがんばりなさいよ）

保護者に対して──

「おばはん、ピーチクパーチクうるさいんじゃ」

（お母様方、少し静かにしていただけませんか）

すべての言葉の最後には必ず「ボケ！」がつきますが、これはいわば丁寧語の「です」「ます」にでも該当するのでしょうか。

終始この調子ですので、番組をご覧になった方は、さぞ驚かれたと思います。でも、もう一度よく見ていただければわかったはずです。三輪先生の言葉の大半は、誉めたり、励ましたり、勇気づけたり、くじけそうになった生徒を後押しする言葉なのです。

番組を見たライバルチームの監督がおっしゃっていました。

「飾磨工業の生徒は、三輪先生に怒鳴り散らされながら無理矢理柔道をやらされてかわいそうだと思っていたが、番組を見て飾磨工業が強い理由がわかった」と──。

そんな飾磨工業多部制柔道部ですが、部員のなかには、かつて手がつけられないほど荒れていた子どもたちも少なくありません。学校の先生から見放され、両親でさえ手に負えないような子どもたち。そんな子どもたちと三輪先生は真正面からぶつかりあいます。

三輪先生によると、不良と呼ばれる子どもたちの多くは〝力こそ正義〟と考えているので、まずは自分より強い大人がいる、自分がかなわない大人がいることを、柔道を通じて体感的に理解させます。すると、それまで横を向いて話を聞こうとしなかった子どもたちが、徐々にまっすぐ正面を向いてくるのだそうです。そこで〝日本一〟という目標を与え、徹底的に鍛え上げます。

「こんな単純なことで不良が更生するのか？」と疑問に思われるかもしれませんが、周囲の大人たちから疎外されてきた〝不良〟にとっては、しつこいくらい絡んでくる三輪先生のような存在は、信頼できる大人と映るようです。

本書では、ご自身の挫折経験を赤裸々に語られていますが、挫折を乗り越えることで成長できるという実体験こそが、三輪先生の教育方針の原点にあるように感じます。その結果、柔道部員の就職・進学率はなんと１００％、ドロップアウトしてしまう部員はゼロなのだそうです。定時制の全国大会で前人未到の七連覇を達成しましたが、そんな数字よりも、三輪先生はこちらの数字に誇りを持っておられました。

とはいえ、三輪先生の教育法を一般化することは難しいでしょう。

ある学校幹部が、取材に対して、「生徒や保護者のうち、一人でもクレームが出たら、三輪先生のやり方はアウトだ」と話したように、今のご時世、公務員という安定した職業を考えると、三輪先生のやり方は、なかなかリスクを伴うものでもあります。

また、三輪先生ご自身も、「口で言えば頭で理解できる大多数の生徒にわしのような教師は必要ない」と認められるように、すべての生徒に当てはまるものではありません。

ただ現在の教育からはみでてしまった一部の生徒やその保護者からは、〝神〟のようにあがめられています。

おそらく思春期には、言葉ではなく経験によってしか得られないものもあり、時には「ルールを破る」とか「他人に迷惑をかける」といった負の経験によって学ぶこともあると思います。しかし、失敗が許容されにくい時代においては、なかなかこうした成長の過程は認められません。もしかしたら今の時代背景が教育の幅を狭くしてしまい、そこからこぼれ落ちた子どもたちが、三輪先生を駆け込み寺のように頼っているのかもしれません。

さて、三輪先生の教師人生も終盤に差し掛かりましたが、一事が万事、この調子ですから、今後も平穏な日々が訪れることなどないのでしょう。紆余曲折の教師人生ですが、この先に、もっと大きな落とし穴が待っているかもしれません。

ただ、その落とし穴にはまったときに、三輪先生がどう向き合うのか。その後ろ姿こそ、人生に迷う高校生にとっては最高の生きた教材になるのではないかと思います。

みなさんは、こんな先生を、どう思われますか？

題字／三輪光
構成／城島充
装幀／平川彰（幻冬舎デザイン室）
カバー・本文写真／ホンゴユウジ

取材協力／読売テレビ、兵庫県立飾磨工業高校柔道部

〈著者紹介〉
三輪 光(みわ・ひかり)　1964年10月、兵庫県姫路市出身。国際武道大学を卒業後、1989年4月に同県立相生産業高等学校に赴任、体育教師となる。その後、同県立明石南高等学校を経て、現在は同県立飾磨工業高等学校体育科教諭・柔道部監督。同校柔道部は全国高等学校定時制通信制体育大会・柔道男子団体で、七連覇中。

GENTOSHA

チンピラちゃうねん、教師やねん。
2015年1月10日　第1刷発行

著　者　三輪 光　読売テレビ取材班
発行者　見城 徹

発行所　株式会社 幻冬舎
〒151-0051 東京都渋谷区千駄ヶ谷4-9-7

電話:03(5411)6211(編集)
03(5411)6222(営業)
振替:00120-8-767643
印刷・製本所:中央精版印刷株式会社

検印廃止

ISBN978-4-344-02706-0 C0095
幻冬舎ホームページアドレス　http://www.gentosha.co.jp/

この本に関するご意見・ご感想をメールでお寄せいただく場合は、comment@gentosha.co.jpまで。